天皇問答

奥泉 光　原 武史
Okuizumi Hikaru　Hara Takeshi

JN129145

河出新書
078

まえがき

奥泉　光

一九五六（昭和三一）年生まれの自分が物心ついたとき、生まれ育った日本という国は天皇制のある国だった。口髭に眼鏡の昭和天皇はときおりテレビ画面に現れて、昭和初年代生まれの自分の親は、天皇を尊崇するふうは全然なく、かといって軽侮したり反感を示したりすることもなく、ただなんとなく床の間の掛け軸でも見る具合に、相撲見物の国技館で帽子を振る昭和天皇を眺めていた。子供だった自分は、周りの環境全般がそうであるように、それを自然な空気のようなものと感じていたのだろうが、歴史を少しく学び、自分が生きる場所が「戦後」であると知るにしたがい、天皇の存在が「不自然」なものであることもまた知った。そうなると、親たちの態度も、天皇に対してどんなふうに振る舞ったらいいかわからず、結果、なんだかぼんやりした感じになっていたのではと気がついた。いや、それは自分も同じだった。天皇なるものをどう考えたらいいのかよくわからぬまま、気づいてみれば、親たちと同じく、ぼんやりした顔つきで（ではないかと思う）皇室の人たちが登場するテレビの画面を眺めているのだった。

天皇の存在が「不自然」だというのは、「戦後」なる歴史的時間を「戦前」の否定から出発した新たな時間の創出であると捉える立場、戦前戦中の日本は否定され、新たな国家として出発したのが「戦後日本」であるとする立場からのものである。旧日本が否定されたのは戦争に負けたからで、「平和的民主主義国日本」の創成を促したのがアメリカだったのは事実である。日本国民が敗戦の茫然自失に陥るなか、GHQがどんどん事を進めたのはたしかである。しかし「一億玉砕」の標語に端的に示されるがごとき狂的な状態に陥ったあげく、無意味な死や破壊を膨大に生んだあの戦争をもたらした体制、これを否定して新たな体制を築くべきとの思想は、まちがいなく日本国民の間で育っていったと思う。自分はこの立場に与《くみ》する者である。

そう考えるとき、天皇こそは戦前戦中体制の中心にあったわけで、なにより否定されなければならないはずであるにもかかわらず、戦後も天皇制は残った。それればかりか、「現人神《あらひとがみ》」であった昭和天皇その人が、同じ人が、そのまま「象徴」と憲法で規定され、戦前と同じように皇居に住んで、公務をこなし、大相撲を「天覧」していた。これが「不自然」の理由である。

この「不自然」を正すには、天皇制を廃するしかない。具体的には憲法を改正して、第一条から八条をなくすか、「革命」に類することをして憲法を停止するかであるが、一九六〇年代頃までは、そうした考えを表明し、またそれを目指し活動する人はけっこういたと思われる。が、新左翼諸党派が主導した全共闘運動が内ゲバの暗渠に呑み込まれた七〇年代、その時期の半ばに自分は大学に入り、知識の世界に触れるようになったのだけれど、反天皇制を標榜して活動する人はなおありつつも、全般には社会変革の熱が去った「シラケ」た気分のなか、「不自然」は「不自然」のまま八〇年代にかけて固定化していった感がある。もちろん一方には、新年の一般参賀で日の丸の小旗を振る人たちのように、戦前同様の尊崇を天皇や皇室に対し示す人たちもあり、そこまでではなくとも、なにとはない敬愛を抱く人たちが多数あったことはいうまでもない。

八〇年代、天皇制の「不自然」さを自分は意識するようになったが、その一方で昭和天皇の姿を見かける機会は少なくなり、その存在感は減じていったと記憶している。天皇は、東京で暮らす人間が皇居を日頃意識しないように、日本という国になんとなくあるのだった。それが再び存在感を発揮したのは、一九八九年の昭和天皇崩御の際である。奇妙に落ち着かぬ空気のなか、テレビ番組や各種イベントが自粛されたあのとき、天皇の身体がなお禁忌であり、この国の時間が天皇制の支配下にある事実が露呈した。

誰も同じく感じたのだろう、天皇や天皇制に関する言説が噴き出すように現れたことを覚えているが、自分も御多分にもれず、泥縄式ではあるけれど、学んだり考えたりすることになった。そうしてみると、天皇制なるものが、一筋縄ではいかない、把握のむずかしい何かであることにあらためて気付かされることになった。優れた研究や論評は数多くあるのだけれど、しかしなお掬いきれぬ余剰が残る感が否めないのだった。

天皇制のどこがむずかしいかといって、ひとつにはそれが連綿と続いてきたと観念される点である。明治の近代国家形成期、天皇が政治の表舞台に呼び出されるに際して、太古の神話がその礎に据えられた。天皇はアマテラスの血を引く、「万世一系」の、「神聖にして侵すべからざる」存在であり、われわれ日本人は天皇の「赤子」であり、日本人のアイデンティティーは聖なる天皇の身体によって支えられるとされた。太平洋戦争後、天皇の聖性は脱色され、歴史学の成果によって、歴史からの神話の物語の切断はほぼ果たされたが、古代から中世近世、日本列島の政治史社会史において天皇の果たしてきた役割や存在の意味については、なお錯綜した議論が続いている。万世一系は神話的虚構であるにしても、天皇家が古くから続いてきた家であることはたしかであり、濃淡はありながら列島の歴史に関与してきたのもまちがいない。それをいかに考えるか。いや、そもそも神話を歴史から切り離すことはできるのか。神話はときに大きな力となって人間を動かし、歴史を駆動するからである。日本国民として現在を生きるわれわれの制度や風習や精神や感性に、天皇をめぐる神話が、列島における天皇制の歴史が、いかに刻印されているのか、あるいはいないのか、なかなかに測り難いのである。

その意味で、近代以降の天皇制が、「新しい伝統」の下にあることはいくら強調してもしたりない。いまも天皇はさまざまな儀礼を皇居の奥でなしている。それは古代から連綿と受け継がれてきた伝統のように思えるが、実際にはその多くが明治以降に新たに創設されたものにすぎない。であるにもかかわらず、それらは神話の衣を纏い、容易には動かし難い「伝統」のように見なされる。そこに天皇制の理解を困難にする一要因はあるだろう。

そして何より天皇制の把握をむずかしくしているのは、日本国憲法に書き込まれた天皇の規定であろう。

第一条　天皇は、日本国の象徴であり日本国民統合の象徴であって、この地位は、主権の存する日本国民の総意に基づく。

この条文についてはさまざまな議論があるけれど、要は「象徴」が何であるか、「総意に基づく」とはどういうことなのか、判然としない点に問題の中心はある。天皇の仕事は、第三条以下に天皇の国事行為として具体的に列記されているが、端的に云って、天皇はとりあえずそれさえやっていれば、田植えをしたりなんだりはしなくていい。第七条の十項に「儀式を行ふこと」といちおうあるが、具体的にどんな儀式をなすべきかの規定はない。極端な話、新嘗祭《にいなめさい》をやめて、代わりにハロウィンで仮装して五穀豊穣をお祈りしました、でも憲法上はいいわけである。

しかし実際には、具体的な内容は明らかにされぬまま、天皇には国事行為以上の「象徴」としての振る舞いが求められている。誰が求めるのかといえば、日本国民であるが、しかしその国民の側にしても、具体的に何を求めているのか判然としないのである。「象徴」の意味を日本国民はほとんど考えてこなかった。それを誰よりも考え、中身を充塡すべく活動したのは、本文で詳しく語られるが、現上皇、すなわち平成の天皇である。しかして一方、「なんだかぼんやりした感じ」で皇室の人たちを眺めている国民の大半は、「あるほうがなんとなく自然な感じがする」くらいの曖昧な態度に終始し、むしろ突き詰めて考えないようにしているとすら思われる節がある。

だが、いまや「日本国民の総意」に基づくもなにも、皇位の継承が危ぶまれる事態に至っている。これは自分は小説にも書いたことがあるのだけれど、日本人は天皇制が存続できないことを本当は知っているのに知らないようにしている、そんな印象がないだろうか。誰もが実はわかっているのに、知らぬ素振りで問題を先送りする。これはこの国（に限らぬかもしれぬが）の大いなる伝統の感がある。

本書は天皇制研究の第一人者である原武史氏に奥泉が疑問をぶつけるかたちで、天皇制の捉え難さの岩盤に僅かでも鑿を入れようと試みた対話である。対談は三回にわたって行なわれ、その都度、奥泉は原さんの知見に蒙を啓かれ、新たな発見に導かれた。天皇制をめぐる疑問については、なお不明のまま残るものもあったけれど、対話を重ねるうちに、ひとつの確信が自分には生まれてきた。すなわち、天皇制を考えるとは、天皇制のない日本を考えることだ、というものである。もちろん天皇制の存続を望む人がいまの日本国民の大多数を占めているのは疑えない。しかし、だとしたら、我々は天皇制にいったい何を望んでいるのだろうか。

そもそも天皇なしには「国民の統合」はできないのか？　煎じ詰めていえば、個々の「主権の存する国民」にとって天皇とは何なのか？　それを正面から問うためにも、かつまた、太平洋戦争中の狂的なナショナリズムの再燃を防ぐためにも、天皇制から離れた日本国のかたちを考えておく必要があるのではないだろうか。

本書の成立には、対話者二人のほかに、河出書房新社の藤﨑寛之氏がコーディネーターとして、また対談の整理まとめ役として大きく寄与してくれた。本書は三者の合作としてもよいほどである点を最後に加えておきたい。

目次

【皇居内略図】

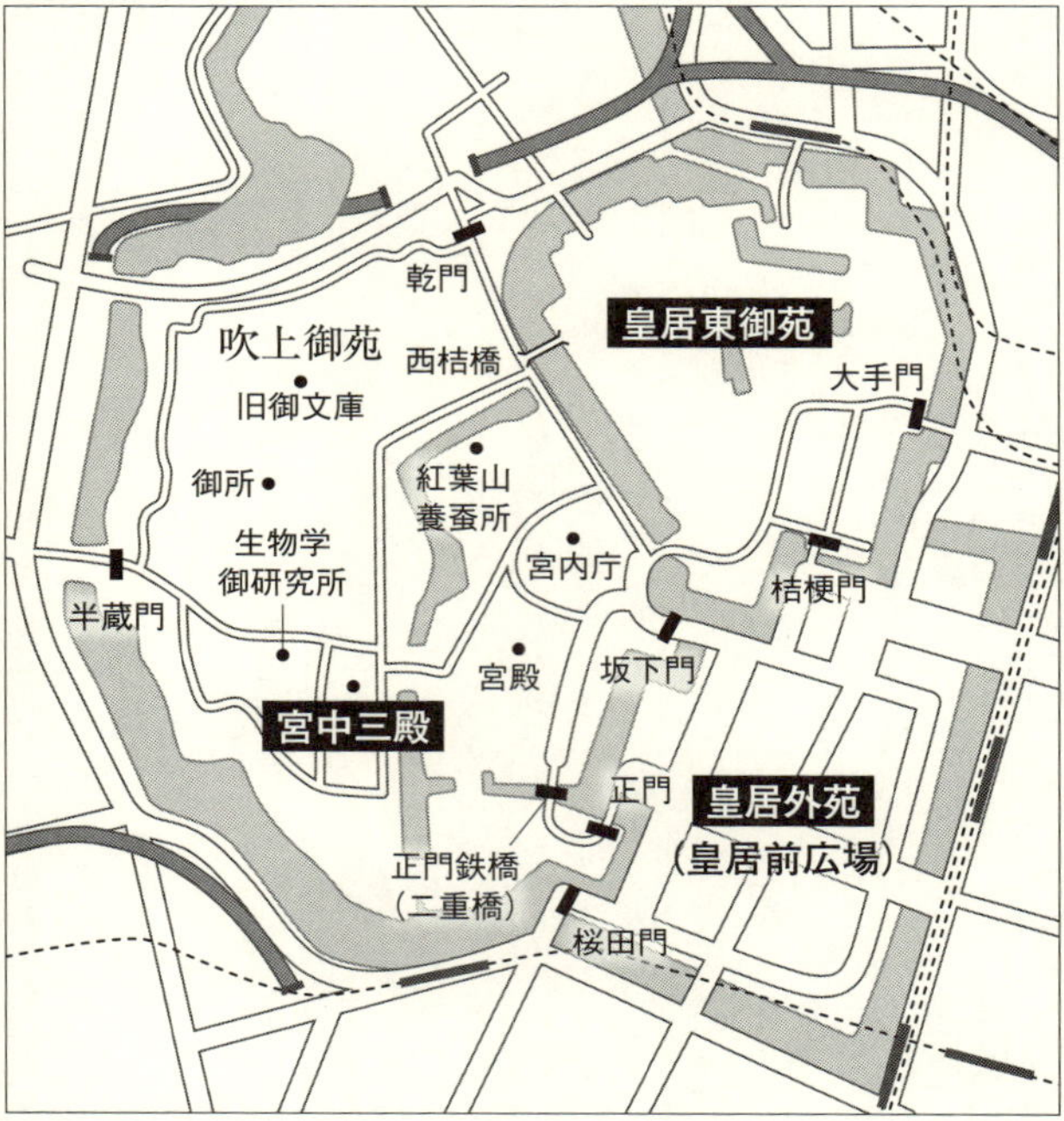
乾門
吹上御苑
西桔橋
皇居東御苑
旧御文庫
大手門
紅葉山
養蚕所
御所
生物学
御研究所
宮内庁
桔梗門
半蔵門
宮殿
坂下門
宮中三殿
正門
皇居外苑
（皇居前広場）
正門鉄橋
（二重橋）
桜田門

I

天皇制の見方・考え方

天皇制の何が難しいか

奥泉　私はこれまで小説の中で間接的にではあれ天皇制を扱ってきましたが、なかなか難しいところがあります。

原　学問的にも、天皇制というのは扱うのがとても難しいものです。その難しさの理由の一つは、明治になって「皇室は連綿として万世一系なり」という岩倉具視《いわくらともみ》の言葉をもとに、「万世一系」というイデオロギーがつくられたことです。

当初は女性天皇だけでなく、非常手段として女系天皇も認める概念でしたが、井上毅《いのうえこわし》らが反対したために男系だけを意味する概念となり、大日本帝国憲法の第一条に「大日本帝国ハ万世一系ノ天皇之ヲ統治ス」と規定されました。そもそも実在する天皇が何代からかもわからないまま、また歴代天皇についても確定されないまま、初代神武《じんむ》からずっと男系でつながっていると信じられるようになる。二〇二四（令和六）年四月に自民党が発表した「安定的な皇位継承の在り方に関する所見」に「神武天皇以来、今上陛下までの126代にわたり、歴代の皇位は一度の例外もなく男系で継承されており」とあるように、このイデオロギーは今日もなお影響力を保っています。

他方で明治維新では、古代の律令体制下で設けられた官庁である太政官《だいじようかん》や神祇官《じんぎかん》を復活させています。この太政官や神祇官の建物があった奈良の平城宮跡《へいじようきゆうせき》には、天皇の政治空間である第一次大極殿《だいごくでん》が復原されていますね。近鉄電車に乗っていると大和西大寺―新大宮間で見えてきます。

奥泉　じつは私はあのあたりに住んでいたことがあります。

原　そうでしたか。あの大極殿という建物は、中国の唐の都にあった太極殿《たいきよくでん》をモデルとしてつくられています。その根底には儒教のイデオロギーがある。皇帝がいる場所はいわば北極星、宇宙の中心だということになっており、それを視覚化するための建物であるわけです。大極殿も同様の構造になっていて、天皇は南面します。つまり、少なくとも古代の日本では、中国と同様、儒教のイデオロギーによって王権を正当化しようとしたのであり、一つの王朝が永続することは想定されていなかったわけです。

ところが大極殿は平安末期に焼失してしまいます。鴨長明《かものちようめい》も『方丈記』の中でその様を描いています。「風はげしく吹きて、しづかならざりし夜、戌《いぬ》の時許《ばかり》、都の東南《たつみ》より火出で来て、西北《いぬい》にいたる。はてには朱雀門、大極殿、大学寮、民部省などまで移りて、一夜のうちに塵灰《ちりはい》となりにき」（『方丈記』、光文社古典新訳文庫、二〇一八年）。その後はずっと再

【平城宮跡略図】

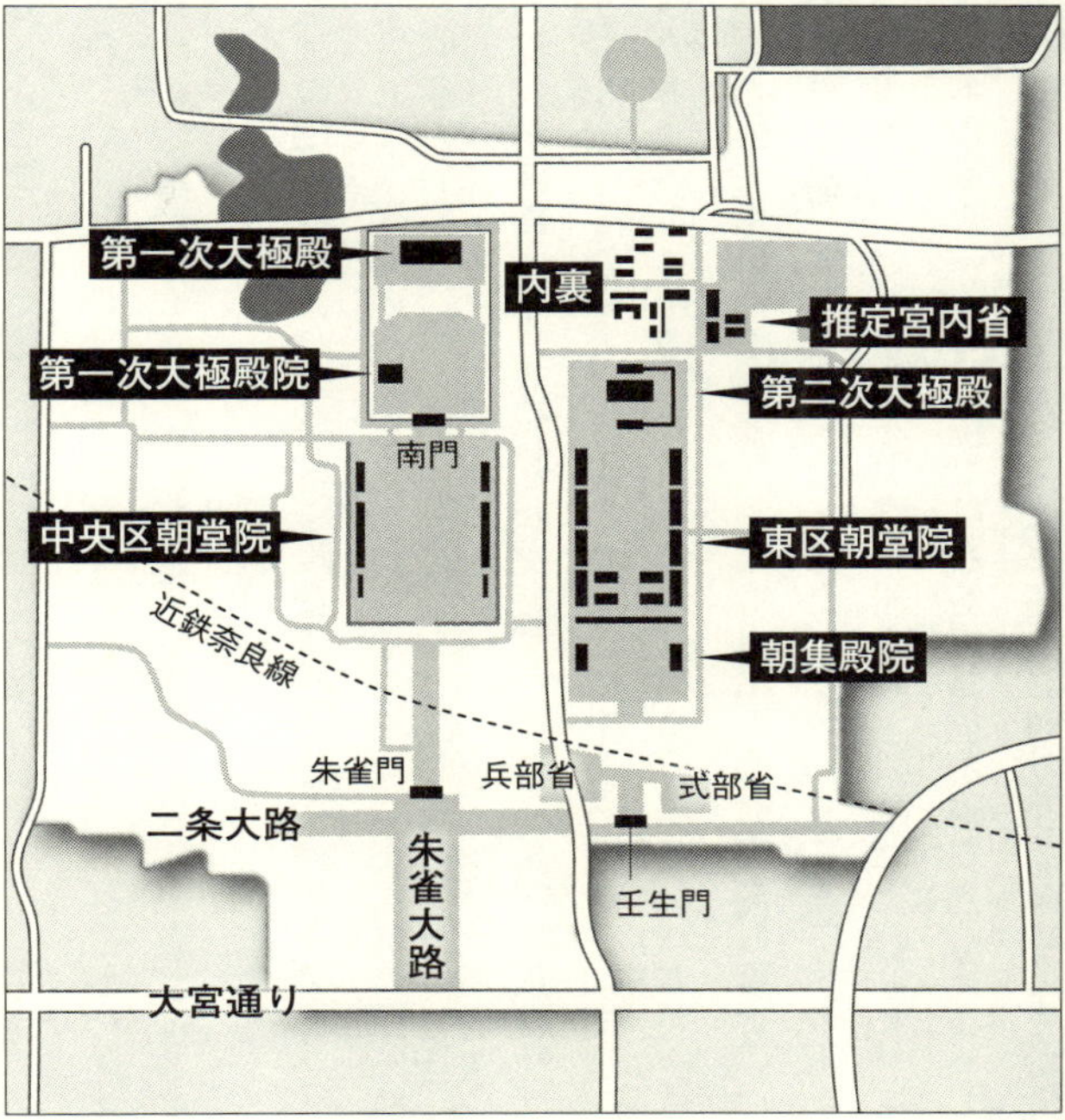

建されませんでした。

もちろん太政官庁や紫《し》宸殿《しんでん》のような、大極殿の代わりを果たすことになる建物はありましたが、大極殿そのものが再建されなかったことは、日本では儒教イデオロギーによって支配を正当化する必要がなくなったこと、言い換えれば革命の可能性がなくなったことを暗示しています。「万世一系」イデオロギーの淵源をここに求めることもできると思います。
厳密にいえば、明治になって平安遷都千百年を記念して建てられた平安神宮の境内に、かつての大極殿が八分の五の縮尺で復原されますが、一九二一（大正一〇）年に皇太子裕《ひろ》仁《ひと》（後の昭和天皇）がヨーロッパから帰国したときに開かれた「市民奉祝会」を除いて、天皇制の政治空間として用いられることはありませんでした。
どうして、天皇の支配を正当化するイデオロギーに基づく建造物にこだわらなかったのか。中国の場合、日本よりも儒教イデオロギーが浸透しているだけあって、革命による王朝の交代が前提とされているわけです。新しい王朝の正統性は当然、声高に主張しなければならない。そのために大がかりな建造物が必要とされました。ところが日本の場合は、一つの王朝がずっと続いていくのが自明の前提となり、大極殿のような建造物をわざわざつくらなくてもいいじゃないかという考え方に完全に変わっていった。

奥泉　早くも平安時代頃にはそうだったということですね。

原　そうです。そうすると中国や朝鮮の王朝にはないことが起こります。大極殿が焼失するよりも前から、終身在位ではなくて譲位が当たり前になっていくわけです。つまり、天皇もいるけれども上皇もいるし、さらには法皇までいるという状況になるのです。だから誰が究極の支配者かわからない。天から命を与えられた一人の人間が支配の正統性を託されている状態とはずれてくる。

奥泉 儒教的な世界観とはずれてくる。

原 ひとたびずれてくると、ますます大極殿のようなものはいらないということになる。

奥泉 儒教的世界観に引き戻すコストをかける理由がない、と。天皇の周囲の有力者たち、たとえば藤原氏の人たちも、このシステムの中で一定の利益が得られているから別にそれでかまわない。

原 そのあたりの秩序がぐちゃぐちゃになってくる。それは皇后もそうで、皇帝が一人、正室の皇后が一人、ほかに側室がたくさんいるという中国とは異なり、平安時代になると皇后がいなかったり、逆に二人いたりするわけです。

奥泉 よく言われるように、日本列島は海に隔てられて外敵の侵入がほとんどない。これは中国との最大の違いですね。ぐずぐずしたシステムでもやっていけた。

フィクショナルな出発点

原 江戸時代になると、中国では革命が起きるが日本ではそれがなく、一つの王朝がずっと続いているがゆえに中国よりも優れているという、「万世一系」イデオロギーの母体となる思想がはっきりと出てきます。国学を大成した本居宣長《もとおりのりなが》の思想がそれです。

ほぼ同じ時期に光格天皇が天皇の権威を上げようとして、紫宸殿を大々的に再建しています。建築史家の井上章一さんは、「幕府当局も、建築には甘かったのだと言うしかない。あるいは、つぎのようにも言えそうな気がする。ふだんは隠している思いを、王朝も建築には思う存分ぶつけることができた。武家政権などできる前の、王朝の理想像をあらわすことも可能になったのだ、と」（「関西の館② 紫宸殿・清涼殿」、御厨貴『権力の館を考える』、放送大学教育振興会、二〇一六年所収）と言っています。とはいえ光格天皇が再建したのは紫宸殿であって、大極殿ではありませんでした。

明治維新に際しても、王政復古に伴い京都にもう一度大極殿をつくりましょうという話にはなっていない。それどころか江戸＝東京に移り、焼け残っていた江戸城の西の丸にそのまま入ってしまう。たとえ神祇官と太政官を復活させても、しっかりと古代に倣って天皇の支配を正当化するようなイデオロギーをつくってそれを建造物として可視化するという考え方が結局はなかったことになります。

奥泉　そういう意味では、天皇あるいは皇室というものはずっとあるにはあるが、その背骨となるような確固たるイデオロギーはつくられてこなかった。

原　その時その時の機会主義的な判断がなされている。

奥泉　明治維新で復古が図られるわけですが、古代律令制の一部、たとえば神祇官などは再興されたけれども、全体には、律令以前の、神武天皇に戻るというふうにしたわけで。

原　そうです。よく考えてみればそれもおかしい。もちろん『日本書紀』を読んでも、神武天皇の時代に神祇官や太政官をつくったとは記されていません。

奥泉　フィクショナルな神話時代に戻って、そこを出発点にするかたちにした。結局、律令体制に戻ることはなかった。

原　ええ、そのとおりです。神道の国教化を目指した神祇官はすぐに廃止され、神祇省、さらには教部省へと格下げされました。神道は特権的地位を失い、仏教勢力とともに国民教化に当たるものとされたのです。

奥泉　明治維新前後の京都の公家の人たちとか、天皇の周りにいた人たちは律令制への回帰を考えていたと思うんです。幕末の天皇である孝明天皇も間違いなく。しかし明治維新を推進したのちの元勲の人たちはそれを否定した。律令ではなく、神武建国にたち戻るのだと。神武天皇の体制なんて誰も知らないわけだから、早い話が、どんなことでも縛りなくできるかたちにした。

原　明治新政府が当初熱心に取り組んだのは、一つは仏教色の排除です。奈良時代の聖武《しょうむ》天皇の頃から仏教の影響力は強まりますが、平安時代になると天皇自身が即位に際して「即位灌頂《かんじょう》」という儀式を始めます。

奥泉　大嘗祭《だいじょうさい》よりもずっと重要だったんですよね。

原　密教の秘儀なのですけれども、一〇六八（治暦四）年に後三条天皇が初めて行なったとされています。それを歴代天皇がずっと続けて、幕末の孝明天皇までやっていたということになっている。明治維新とともに新政府が仏教色を排除して純粋な神道をつくろうとしたのは間違いありませんが、しかし、仏教色を排除し、幕末に台頭した復古神道に基づいて天皇の支配を正当化するための新しいイデオロギーをつくるということに熱心だったかと言えばそんなことはない。神祇官がすぐに廃止されたことを見ても、それは明らかです。

拙著『〈出雲〉という思想』（講談社学術文庫）に書いたように、復古神道では出雲大社の祭神であるオオクニヌシ（大国主神）を死後の世界である「幽冥界」の主宰神と見なしていて、これがイデオロギーをつくるうえで障害になったということもありました。

徳川時代と変わらない

原　大久保利通は大坂（大阪）遷都を唱えます。しかし最終的に都が東京になったのは、江戸城がもぬけの殻だったからです。幕末に本丸御殿と二の丸御殿が焼けてしまったので、西の丸御殿に入って皇城＝宮城《きゅうじょう》とします。西の丸御殿では、徳川家が残した「遺産」をそっくり継承していて、将軍が着座していたところに天皇が着座するなど、位置まで真似をしているわけです。それでは徳川と変わらないという話になるはずではないですか。「万世一系」がイデオロギーとして確立されるのは、明治中期になってからです。

明治新政府は、天皇の支配を正当化するための空間をつくり出したわけでもなかった。江戸城が空いたのでそこに入っただけで、西の丸御殿もまた焼けてしまいます。そのあと、旧西の丸や吹上御苑《ふきあげぎょえん》に明治宮殿や宮中三殿などが建てられますが、後に天皇制の重要な空間となる旧西の丸下の広場はしばらく使われませんでした。天皇制の空間が「お濠《ほり》の内側」でほぼ完結していた点では、江戸時代と変わらなかったのです。

もちろん将軍との違いもありました。最大の違いは、後で話すように、天皇自身が北海道から九州までの全国各地を回ったことでしょう。とはいえ沿道では、壮大な行列を見て反射的に土下座する人々があとを絶ちませんでした。江戸時代の参勤交代などの「遺産」

【江戸城内略図】

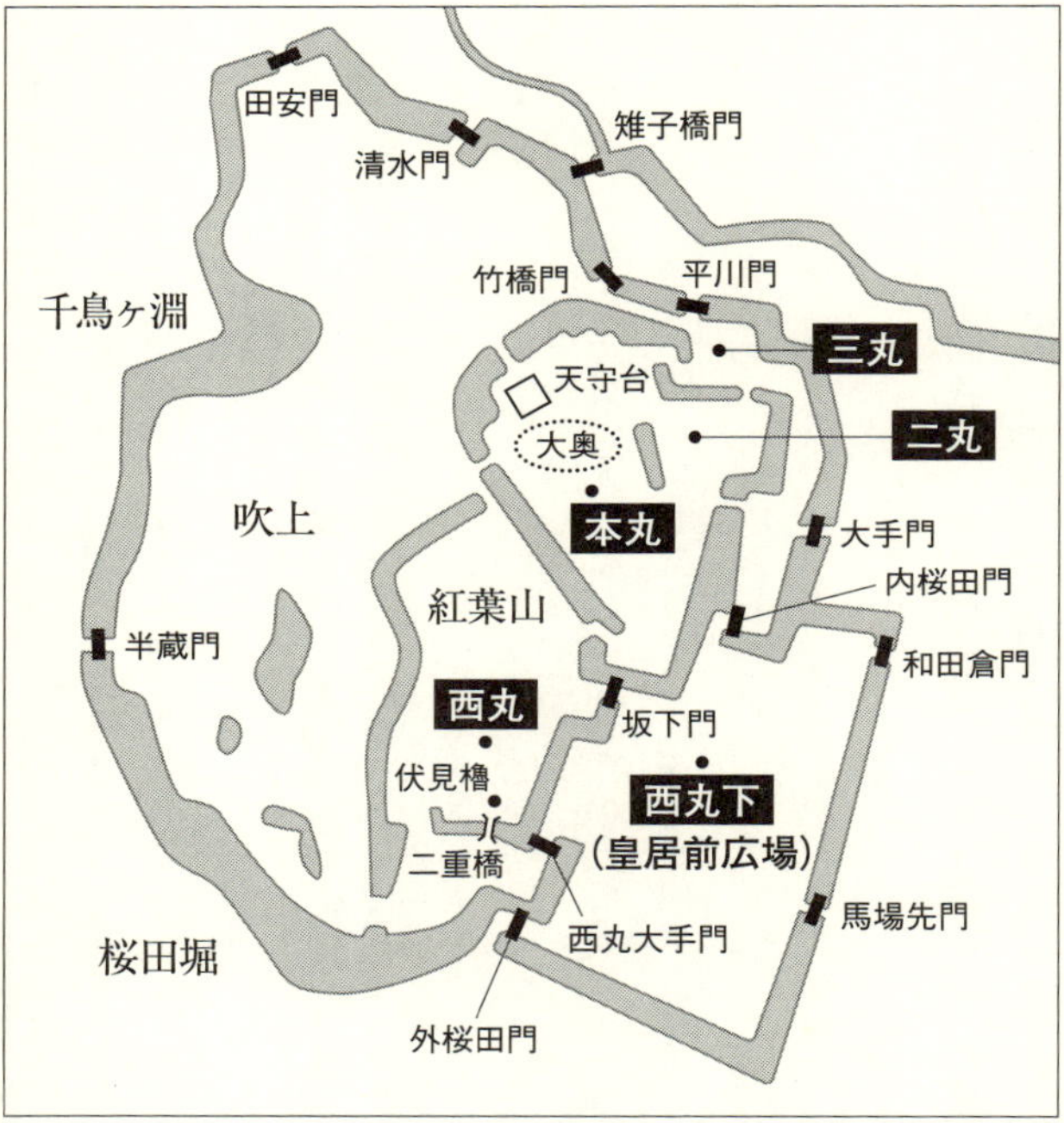

が、体制の移行を容易にした側面があることは否めないと思います。

奥泉　日本という新たな近代国家の建設、その国民の統合のために、天皇、皇室というものが呼び出された。極端に言えば、それを使ってやるしかないということだったのでしょう。しかも神武の世に戻すのだ、ということにすれば、制度的には何を入れても構わないということになる。そういう意味では、復古でもない。実質的に天皇が政治を支配していた時代、律令の時代に戻そうというわけじゃないですからね。

新政府をつくった人たちは、天皇は「玉」であるという考え方ですよね。天皇は統治の手段なのだ、と。人によって濃淡はあるとは思いますけれど、天皇だからといって尊敬しているわけではない。そもそも明治天皇が帝位についたときは満年齢で一四歳。とりあえず「玉」である天皇を自在に使うかたちで、手探りしつつ国家の設計をしていこうと考えた。

原　明治天皇の侍講となった元田《もとだ》永孚《ながざね》は、熊本藩出身の儒学者です。『論語』や『書経』などの経典を教科書としつつ、いわゆる帝王学を徹底的に教え込んだわけです。その部分だけを見れば非常に儒教的です。本気になって天皇を「天子」にしようとしたように見える。しかし実際には、東京で大極殿が再建されたわけではない。天皇は二重の濠に囲まれた武家政権の居城に入っただけで、南面していないし、天壇に当たる施設もない。そこは非常にちぐはぐで、他方で神道も入っているわけです。先にも話したように、賢所《かしこどころ》、皇霊殿、神殿などからなる宮中三殿をつくり、その中央に位置する賢所に京都から持ってきたアマテラスの神鏡（八咫鏡《やたのかがみ》）の分身を奉納している。アマテラスと天皇は血でつながって

【宮中三殿配置図】

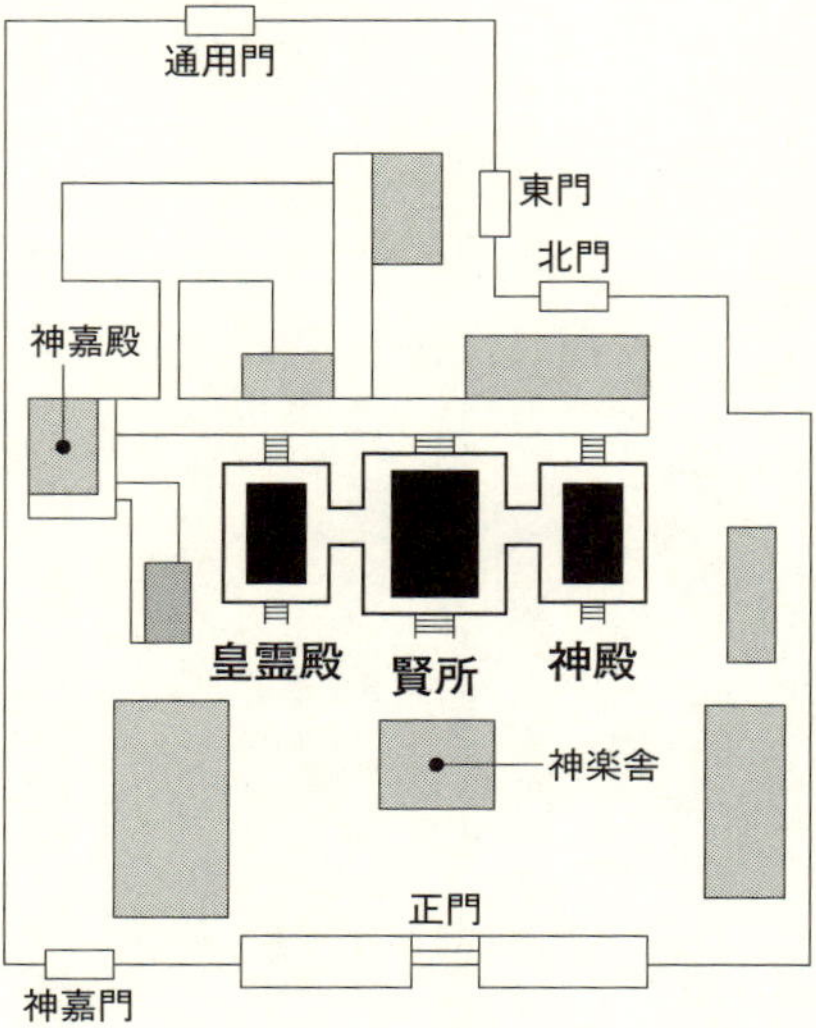

いることになっている。

奥泉　一八八九（明治二二）年の憲法発布くらいまでの時期はたしかに混沌としていますよね。元田永孚らはむしろ天皇親政のようなことを考えている。しかし大久保利通や伊藤博文らはまったくそのようには考えていない。西欧の列強に伍せるような近代国家建設を目標に、「玉」として天皇を使うということで一貫していたと思います。神道を国教化する国家イメージや、天皇親政の発想など、さまざまなものが混在してはいたが、最終的には、一種の立憲君主制のかたちが、混沌の中からしだいに姿を現していった。

生き神がやってくる

原　たしかにそうなのですが、いま話してきたのはあくまでも政府側、支配する側が天皇をどうしていったかという話ですね。一方の民衆の側が天皇をどう見ていたかという視点も欠かせません。

奥泉　たしかにそうですね。天皇を核に近代国家を形成するとして、国民を育成することが何よりも重要です。自分たちは日本国民だというアイデンティティーを持つ人たちの創生ですね。その国民形成の一つの中心として皇室を使おうとした。それは国家のシステムづくりとはまたべつの話になる。

原　はい。一八七二（明治五）年から一八八五（明治一八）年まで六回にわたって北海道から九州までの全国各地を回った「六大巡幸」こそ、天皇の存在を地方の人々に知らしめるための政府の戦略にほかなりませんでした。ただ、それがスムーズにいったのかどうかという点が問題です。たしかにあからさまに天皇に対して反発する動きはありませんでした。東京の紀尾井町で暗殺された大久保利通のように、暗殺されることもなかった。直訴すらほとんどなかったわけですから、ある意味では民衆は非常に従順だった。

天皇の行幸にあたっては前もって太政官から布告や布達が出されています。他方で、まったく無関心な人たちもいたようです。農作業をしたまま、行列のほうに尻を向けていたとかですね。しかし、あからさまに場を乱すような動きはなかった。そこにはいくつか理由があると思いますが、大きいのは先に話した江戸時代の参勤交代ですね。身分の高い人が行列を組んで歩いてくると……

奥泉　とにかくひたすら畏《かしこ》まるべきだと……

原　それが身についてしまっている。たとえば甲州街道の府中宿で天皇を迎えた者の証言があります。「私はお着の三十分ほど前から里見家の門前に立つてお迎へいたしました。実は大名の通行などに土下座した習慣がありましたので、一般奉拝者は如何様にして拝したらよいかともぢ〳〵してをりますと、警官が――御警備の警官は今から思ふと極《ご》く少数でした――「しやがんでゐてはいけない、立つて拝むのだ」と申しました。この時はじめて維新とともに奉拝の様式もかう変つたのかと心ひそかに感動いたしました」（大室市五郎編『明治天皇府中行在所謹話録』、府中史談会、一九四〇年）。これだけを見ても、土下座の習慣がいかに根強かったかがわかります。それくらい江戸時代のシステムが根づいてしまっていて、それが天皇にとっては都合がよかった面がある。

それともう一つは、ある種の生《い》き神《がみ》信仰があったと思うのです。民俗的な生き神、そういう人がやってきたときに、特段天皇という意識ではなく、いろんな生き神がやってくる中の一つみたいな感覚だったのではないかと思うのです。

奥泉　生き神がたくさんいたんですよね、あの時代。

原　はい。生き神も生き仏もいました。アメノホヒ（天穂日命）の子孫とされる出雲大社の国造《こくそう》がそうですし、東西本願寺の法主もそうでした。天皇も生き神の一人と捉えられていて、天皇が浸かった風呂の湯を皆が競って持ち帰ったり、天皇の馬車が踏みしめた砂利を持ち帰ったりするのは、支配する側にとっては非常に都合がよかった。同時に、そうした民俗的な生き神や生き仏とは異なる天皇のカリスマ性をどのように演出すべきかも大きな課題となりました。

奥泉　これも原さんが引用していましたが、明治の後期、皇太子の山陰巡啓にあたって事前検分のために訪問した原敬《はらたかし》がこう書いています。「人民の歓迎最も盛んにして殊に甚しきは両手を合せて余を拝するものあり、途上に土下座する者あり、内閣員に対してすら此くの如き次第なれば殿下の行啓に際しては其情況想ふべし」（原奎一郎編『原敬日記』3、乾元社、一九五一年）。皇太子にでなく、原敬に対してさえ土下座して拝む人がいた。無名の権力機構に対する帰依のようなものが一般にあったということですね。

原　そうです。

奥泉　しかし、それを次第次第に天皇に収斂《しゅうれん》させていく。

原　そうなんです。明治新政府は、イデオロギーによる支配をあっさりと放棄し、文明開化によって人々の生活が便利になることで、西洋文明をもたらした天皇のありがたさを実感させる戦略に切り替えたと思います。六大巡幸で天皇は、明治になってつくられた学校や公共施設、産業施設などを積極的に訪れています。並立する民俗的生き神、生き仏との違いもここにありました。

　ところが大日本帝国憲法や皇室典範が発布された明治中期になると、イデオロギー的な要素が再浮上します。憲法に規定された「万世一系」がそうだし、教育勅語もそうです。教育勅語には「我カ皇祖皇宗」「徳ヲ樹《タ》ツルコト深厚ナリ」とあるように、儒教と神道の双方の要素を読み取ることも不可能ではありません。

三つの層で考える

奥泉　私はその問題に限らず、日本の近代を考えるとき、三つの層で考えるのがいいのではないかと思っています。①支配的エリート、②中間層、③一般大衆の三層です。支配的なエリート層は、きわめて図式的にいえば、先ほど言ったとおり、天皇が「玉」なのだという認識を持っている。もちろん偏差はさまざまにあるとは思いますけれど。一般大衆についてはいま挙げていただいたような状況でした。

ポイントは中間層です。江戸時代後期には、国学の興隆を承けて、天皇制イデオロギーを準備した水戸学派があり、平田篤胤《ひらたあつたね》の国学があり、それを学んで皇国イデオロギーを内在化する層が地方にいた。豪農とか豪商といった地域の指導者の人たち、彼らが中間層の原型になった。彼らは支配的エリートと一般大衆をつなぐ位置にいる。この層は近代化の過程でだんだん膨らんでいく。もちろん彼らも一様ではないですが、しかし、この層が天皇制イデオロギーを明治初期から中期にわたって自分たちのものにし、内在化した人たちだと捉えるとわかりやすいのではないか。逆にいうと、大衆の側は実は天皇制イデオロギーというものをそんなに内在化していないのではないか。

この中間層の考え方は、安丸良夫の著作から私は学んだんですが、安丸氏が大江志乃夫《おおえしのぶ》『兵士たちの日露戦争』（朝日選書、一九八八年）という本に書かれていることを紹介しています。日露戦争に出征した兵士たちの手紙の分析なんですが、こう書いている。彼らの手紙には「天皇はほとんど登場せず、登場しても重要性がない、また靖国神社にかかわる表現はない。まとめていえば、一般兵士の意識のなかで天皇崇拝や国家観念は、ほとんど意味をもっていない」(安丸良夫『近代天皇像の形成』、岩波現代文庫、二〇〇七年)。

日露戦争の段階では、日本のナショナリズムの核となる天皇崇拝は、一般大衆にはそれほど浸透していなかったということになりますね。

原　それはそうだと思います。

奥泉　しかし、中間層はそうではなかった。中間層の人たちが天皇制イデオロギーを内在化する。他方で、天皇制を批判する人たちもこの層から出てくる。

原　天皇の浸透度については、教育史でも研究が進んでいます。たとえば歴代天皇や教育勅語を全部暗唱させるというのは昭和になってからであって、明治のときはやっていなかったし、御真影にしても明治のときはまだ末端まで行き届いていないのです。まず帝国大学などのエリート校から下賜《かし》され、いわゆる小学校レベルにまで行き渡るのは昭和になってからでした。だから今おっしゃったことはある意味では当然のことだと思います。

奥泉　なるほど。しかし明治、大正、昭和と時代が進む中で、最終的に昭和十年代のいわゆる超国家主義、あるいは天皇教と呼ぶべきものに収斂していくような流れは、中間層の人たちがつくっていったことは間違いない。

原　その流れがつくられるまでには、結構時間がかかりました。冒頭に話した「万世一系」というイデオロギーにしても、初代神武から明治までの天皇がはじめから確定していたのかというとそうではなくて、明治以降に正式に認められた天皇もいたわけです。また南北朝時代の南朝と北朝のどちらを正統にすべきかをめぐって明治末期に「南北朝正閏《せいじゅん》問題」が起こり、南朝正統になりますが、それでもまだ南朝の長慶天皇は実在したのかとか、『日本書紀』で天皇と同格の扱いになっている神功《じんぐう》皇后を天皇と見なすべきかとか、いくつかの問題が残ったままだった。

それらが最終的にクリアされ、大正天皇が第一二三代の天皇と定まったのは、大正最後の年に当たる一九二六（大正一五）年一〇月になってからです。天皇陵も同様で、明治以降になってにわかにつくられた天皇陵もあった。天皇陵を確定させることを治定《ちじょう》というのですが、明治政府がぶち上げたことと齟齬が生じないように、あとから大急ぎでやるわけですよね。

奥泉　でありながら昭和の時代には強く人々の心を捉える。フィクションとしての力が非常に強くなった。

原　それは間違いないです。昭和初期になって学校で歴代天皇を暗唱させるなど、天皇制

【南北朝時代の天皇系図】

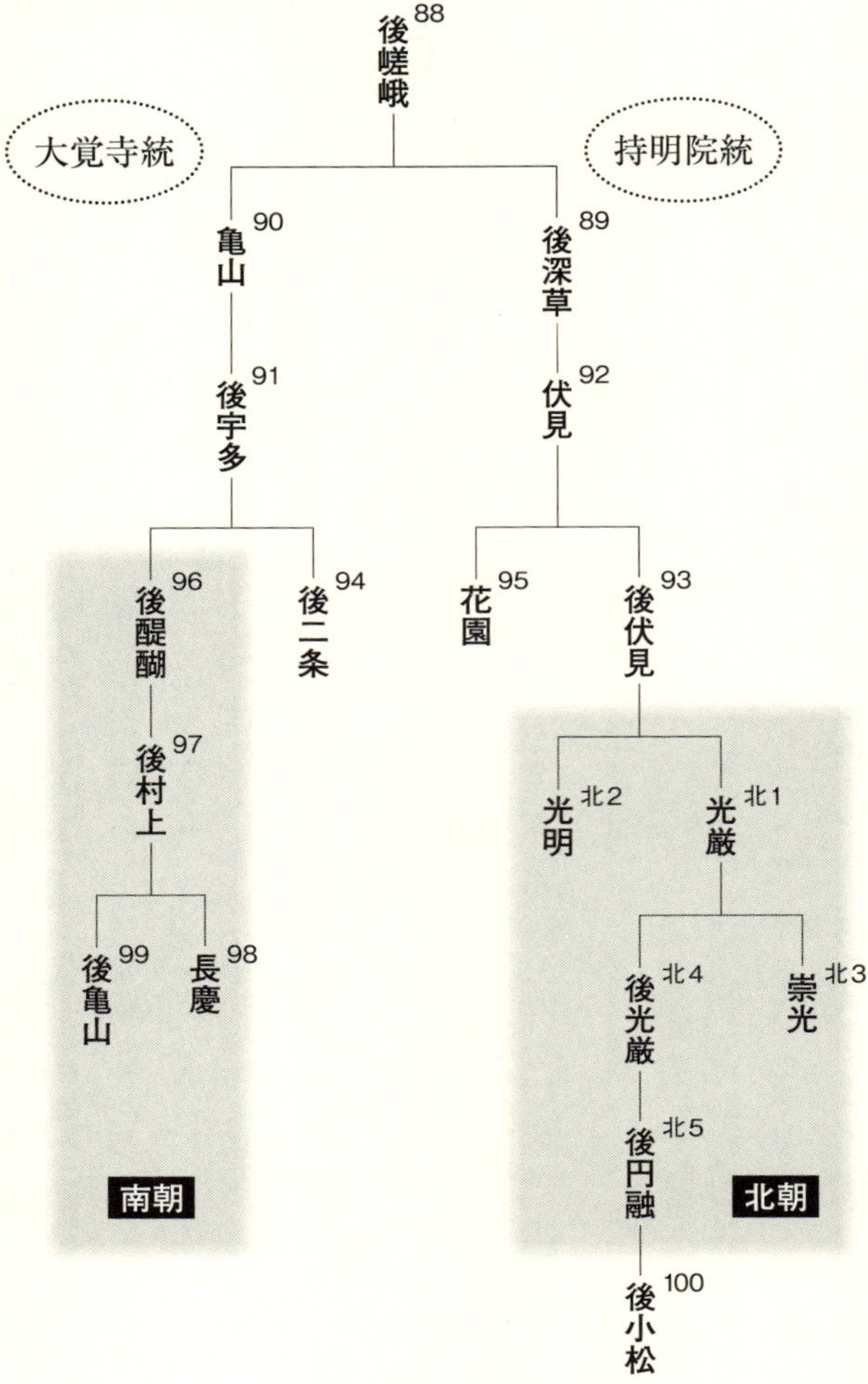
後嵯峨 88
大覚寺統
持明院統
亀山 90
後深草 89
後宇多 91
伏見 92
後醍醐 96
後二条 94
花園 95
後伏見 93
後村上 97
光明 北2
光厳 北1
後亀山 99
長慶 98
後光厳 北4
崇光 北3
後円融 北5
南朝
北朝
後小松 100

教育が強化されるのは、大正末期に歴代天皇がすべて確定したからだともいえます。

「新しい伝統」は誰がつくったのか

奥泉　明治になったとき、天皇親政下での律令への回帰が皇室近辺では漠然とイメージされていたが、実際の政治機構はそうはならなかった。しかし一方で、天皇をめぐる「古い伝統」への回帰はいろいろと行なわれた。もっとも「古い伝統」と言われているものの多くは、明治期に発明された「新しい伝統」である可能性が高い。

普通に考えたら一番古そうに思える宮中祭祀もそうですよね。明治時代になってからつくられた宮中祭祀も多いと聞きます。維新以前から引き継がれた祭祀はどれくらいあったのか。宮中祭祀の連続と非連続も私の関心事の一つです。そのあたりを少し教えていただけますか？

原　少し長いスパンの話をすると、大嘗祭や新嘗祭《にいなめさい》に関しては戦国時代にいったんやらなくなるのです。皇室にお金がなくなって、とてもそんな余裕がなくなってしまった。江戸時代になって禁中並公家諸法度が制定されたことによって逆に財政的に安定するのです。その安定を背景として、江戸時代に大嘗祭と新嘗祭は再興されています。大嘗祭は東山天皇（在位一六八七〜一七〇九年）のとき、新嘗祭は桜町天皇（在位一七三五〜一七四七）のときです。ですから、その点では連続性があるとも言えます。

しかし、江戸時代には二人、女性天皇がいました。明正《めいしょう》天皇（在位一六二九〜一六四三年）と後桜町天皇（在位一七六二〜一七七〇年）です。この時代になると血の穢れの概念が確立してしまっているので、生理にあたると祭祀ができない。後桜町のときには、生理にあたることも想定して、大嘗祭は予備日が設定されていたことがわかっています。歴史学者の藤田覚さんによると、大嘗祭は予定どおりできたらしいのですが、新嘗祭にも四方拝にも出御することはなかったようです（『天皇の歴史06　江戸時代の天皇』、講談社、二〇一一年）。

奥泉　新嘗祭は稲の豊穣を祈る儀礼で、神々に供えた新穀を天皇が神々と共食する。大嘗祭は新たに即位した天皇が最初に行なう新嘗祭。四方拝は元日に天皇が天地四方の神祇を拝する行事。この三つは江戸時代から連続性があると。しかし、明治期には、他にもたくさんつくられるわけですよね。

原　そうです。あとは全部、明治期につくられています。たとえば一月三日の元始祭とか、四月三日の神武天皇祭とか、三月と九月の春季皇霊祭、秋季皇霊祭とか。一〇月一七日の神嘗祭《かんなめさい》はもともと伊勢神宮でやっていた祭祀です。それを宮中でもやるようになるのが明治からです。

奥泉　けっこうたくさんありますね。これは誰がつくったんですか？　つまり、そういうことをやったほうがいいと主張して主導した人間がいたわけですよね。

原　後期水戸学者の会沢正志斎《あいざわせいしさい》は「新論」でキリスト教に対抗すべき祭祀の重要性につい

【明治期の主な宮中祭祀】

1月	
	四方拝
1日	歳旦祭
3日	元始祭
11日	英照皇太后例祭
30日	孝明天皇祭
2月	
11日	紀元節祭
17日	祈年祭
21日	仁孝天皇例祭
3月	
21日頃	春季皇霊祭、春季神殿祭
4月	
3日	神武天皇祭
6月	
30日	節折
9月	
23日頃	秋季皇霊祭、秋季神殿祭
10月	
17日	神嘗祭
11月	
3日	天長（節）祭
23日	新嘗祭
12月	
6日	後桃園天皇例祭
12日	光格天皇例祭
15日頃	賢所御神楽
31日	節折

て説いていましたし、神祇官や神祇省の要職を歴任した福羽美静《ふくばびせい》を中心とした「津和野派」と呼ばれる人々もまた宮中祭祀を重視していたことはわかっていますが、個々の祭祀を誰が言い出したのかはよくわからないのです。結局、天皇制で一番のアポリアというのはそこなんですよ。

奥泉 でも、誰かが言い出さないとやらないわけで。

原 六大巡幸にしてもそうですが、誰があいったコースを考えているのか、それが実はよくわからないのです。

奥泉 そうなんですか。しかしくどいようですけど、京都の禁裡にはさまざまな祭祀的な伝統があった、中古から中世、近世と続くなかで変遷があり、途絶えたものはあったが残ったものもあった、あるいは再興されたものもあった。そうして明治維新、神武建国に戻って一からはじめようとなって、大嘗祭や四方拝などは継続しつつ、新しい伝統をつくりましょうとなった。そのとき、いったい誰がこれらをつくったのか。

原 行幸に関しては、大久保利通が「大坂遷都建白書」のなかで言っています。「主上ノ在ス所ヲ雲上トイヒ、公卿方ヲ雲上人ト唱へ、竜顔ハ拝シ難キモノト思ヒ、玉体ハ寸地モ踏玉ハザルモノト余リニ推尊奉リテ、自ラ分外ニ尊大高貴ナルモノ、様ニ思食ナセラレ、終ニ上下隔絶シテ其形今日ノ弊害トナリシモノナリ」（『日本近代思想大系2　天皇と華族』、岩波書店、一九八八年）。京都で天皇が「雲上人」と見なされ、誰も天皇を見たことがない状況が続くうちに、天皇と国民の隔たりが広がってしまった。「即今外国ニ於テモ帝王従者一二ヲ率シテ、国中ヲ歩キ万民ヲ撫育スルハ実ニ君道ヲ行フモノト謂ベシ」（同）。この弊害を打破するためには、外国にならって天皇自身が全国を回り、万民をいつくしまなければならない。こう言っているわけです。

奥泉　やはり天皇は「玉」であるという感覚ですね。

原　そうです。

奥泉　行幸はわかりますが、宮中祭祀の方は元勲の人たちがやったほうがいいと考えていたとは思えないんですけどね。

原　ただ、こういうことはいえると思います。一八七三（明治六）年一月一日から、太陰太陽暦（旧暦）を太陽暦（新暦）に変えたではないですか。江戸時代は中国に由来する五節句のような、天皇とは直接関係のない秩序があったわけです。それが明治になって西洋に由来する太陽暦に変わりました。これもまた文明開化の一環でした。天皇の存在を知らしめることと、太陽暦に即した新しい祭祀をつくってゆくことの間には、関連性があると思っています。二月一一日の紀元節にしても太陽暦に換算した日付です。『日本書紀』に初代神武が橿原《かしはら》で即位した日が書かれてありますが、旧暦をそのまま適用するのではなく太陽暦に換算すれば二月一一日になるというかたちで新暦対応になっているわけです。

実際に宮崎県の北方村では、二月一一日に村人一同が小学校の校庭に集まって歓談し、最後に東方に向かって天皇陛下万歳を三唱する風習がありました。民俗学者の宮本常一によると、こうした風習は西南日本の所々に見られたようです（『民間暦』、講談社学術文庫、一九八五年）。行幸と同様、宮中祭祀に基づく祝祭日を多く創設することもまた、国民の天皇に対する崇敬の念を高めるのに役立ったのです。

奥泉　そうした変革を誰かが——特定の誰かというのはいないのかもしれませんが——主導したと。

原　太政官布告によってです。太陽暦の導入に熱心な人がいたはずなんです。当時、参議として政府の財政を握っていた大隈重信だと言われています。

「祈る天皇」というイメージ

奥泉　それにしても、あれだけの宮中祭祀を明治天皇本人がこなすのは大変じゃなかったんですかね。夜中じゅう起きていないといけない儀礼もありますよね。もちろん代拝というのですか、本人でなくてもよいものもありましょうが、それでもけっこうちゃんとやっている。

原 明治天皇に関してはある時期まではやっていました。けれども少なくとも日清戦争以降になるとあまりやっていないです。ほとんどが代拝です。新嘗祭くらいですよ、自分でやっていたのは。

奥泉 やってもしかたがないと？

原 馬鹿馬鹿しくなったのではないかと、私は思っています。

奥泉 外部に見せるわけではないですからね。多くは宮中や天皇家の内々の行事だから。

原 しかも明治になってから大部分がつくられていったのを同時代人として見ているわけです。そういう偽の伝統だとわかっている。

奥泉 だとすれば、逆によくやっていたなと感心しますね。

原 日清戦争に勝ったときもそんなに熱心に祈っていないのですが、祈らなくても勝ててしまい、結局代拝になっていく。日露戦争もそれで勝っているわけですが、神に真剣に祈らないと勝てないというふうにはならない。そこが昭和天皇と明らかに違うわけです。明治天皇の場合、すごく冷めているんです。祈りというものに対して全身全霊を傾けなくてもいいというか……。

奥泉 なるほど。しかし神に祈る天皇のイメージは、大正、昭和と時代が進むなかで定着していく。原さんに教えていただいた、吉田茂が戦後に書いた「私の皇室観」を読むと、あの世代の保守派の天皇観というものが非常に鮮明に表現されていると感じます。

「わが国では、祭政の中心は皇室であり、それが古代から近代に至る日本史に一貫して変らざる事実である。皇室を中心とする祭事と政事とは一体不可分であり、言わば皇室すなわち国家であり、従って皇室の歴史は国家の歴史であった。そして神道は皇室の宗教であるとともに、国民の宗教でもあったのである。長き歴史の期間においては、一時皇室でも仏教に帰依、信仰せられた事もあったが、その時でもなおかつ神道を本位とする宮中の儀式は終始継続されてきたのである」（吉田茂『回想十年（下）』、中公文庫、一九九八年）と理解しているんですね。

それが終戦後も続けられていることに意味を見出し、「終戦時までは公式的意義を以て継続し来たれる宮中の諸儀式は、今後もやはりこれを皇室御一家の祭典とするに止めず、いわば国民の祭典として取り行い、従って閣僚その他の有資格者のみならず、広く国民代表も参列し得るように致しては如何というのである」（同）。宮中祭祀を一般国民に公開し、参加を促したほうがいいとまで書いている。天皇が行なう神道に則った宮中祭儀が国家の中心にあるというイメージで、戦後もそれでやっていこうというわけです。

敗戦を経て政治主体ではなくなった天皇の権威は、祈る者のイメージで根拠づけられる。天皇は一貫して祈ってきたのであり、これからも祈り続けるというイメージです。これは明治時代につくられたものですが、しかし明治天皇自身はそれをさほど内在化していなかった。

原　そうなんですよ。先に触れた福羽美静が明治天皇の国学担当の侍講にはなりますが、明治天皇の教育というのはそんなに神道一辺倒でもなかった。

奥泉　むしろ儒教的であった。

原　そこは漢学担当の侍講となった元田永孚の影響が非常に強かったようにも見えます。儒教的な君主あるいは聖人が、一番しなければいけないことは何か。ひたすら修養に努める。徳を積む。仁、義、礼、智、信です。そうした徳目を着実に積み上げていく。そこにこそ聖人になるための必須な条件があるわけですから、皇祖皇宗に向かって祈るということとはずいぶん違います。

奥泉　にもかかわらず、宗教的な祈る天皇というイメージもつくられて、聖徳ある君主のイメージと、いわば二本立てになった。

原　そういうことになります。ちなみに昭和天皇も、東宮御学問所では倫理担当の杉浦重剛《すぎうらじゅうごう》から儒教的な教育を受けています。後で触れる『昭和天皇拝謁記』を見ると、天皇の象徴観が非常に儒教的であることがわかります。

貞明皇后が立ちはだかる

奥泉　大正天皇は、宮中行事に関してはどうだったのでしょうか。

原　大正天皇は天皇になってからもある程度はやったし、京都で即位したときには大嘗祭もやったんですよ。けれどもその後、体を壊してしまう。その後はもちろん全然やっていない。だから全体としてそんなに多くはやっていないです。この点は明治天皇と共通していいます、問題なのは皇后のほうですね。

奥泉　貞明《ていめい》皇后、旧名・九条節子《くじょうさだこ》ですね。

原　一九一五（大正四）年一一月に京都で行なわれた大正天皇の即位の礼のときに、第四皇子の澄宮崇仁《すみのみやたかひと》（のちの三笠宮《みかさのみや》）を妊娠していて出られなかった。京都御所の紫宸殿には、天皇が上がる高御座《たかみくら》の横に、一回り小さい御帳台《みちょうだい》も設置されて、皇后が上がるはずだった。即位の礼、厳密には「即位礼正殿の儀」とは、天皇のみならず皇后の即位をも宣言するきわめて重要な儀式だったのです。

貞明皇后は御帳台に上がれなかったことをたいへんに悔やんで、出産した翌年、単独で京都を訪れています。紫宸殿で御帳台を見学した上、大饗《だいきょう》を呼ばれる大嘗祭後の宴会を忠実に再現させるということまでしているのです。そうでもしないと自分が皇后になることはできないかのように。その後、大正天皇が体調を崩して祭祀を行なえなくなっていくわけですが、それと反比例するかのように、皇后の祭祀に対する意欲が増していくのです。

奥泉　明治から昭和に至る皇室の中で、もっとも宮中儀礼に熱心だったのは貞明皇后だったといっていいのでしょうか。

原　熱心だったどころか、神に対する思いがおそらく一番激しかった。一九二二（大正一一）年三月には神功皇后をまつる福岡県の香椎宮《かしいぐう》にも単独で参拝し、自ら思い入れのある神功皇后の霊と一体化した体験を和歌に詠んでいます。

奥泉　昭和天皇はどうだったのでしょう？

原　昭和天皇は皇太子時代に当たる一九二一（大正一〇）年、東宮御学問所の卒業旅行としてヨーロッパに行っている。あれが大きいのです。イギリスの王室を目の当たりにして影響を受け、いろんな改革をやろうとする。ライフスタイルも西洋風にしてしまうし、女官制度も改革しようとする。後宮にたくさん側室候補となる女官を抱えているのは恥ずかしい、と。イギリスはとっくに一夫一婦になっている。日本もそうならなければいけないと大鉈を振るおうとした。具体的には住み込みをなくして通勤制にするとともに、源氏名をなくし、結婚も可にする。

そのとき、貞明皇后が立ちはだかったわけです。何のために女官がいるかといえば、朝早い祭祀や深夜までかかる祭祀があるからであって、それを通勤制にしてしまったら宮中祭祀が成り立たない。そういうことを言い出すこと自体が宮中祭祀を軽んじているというわけで、大反対するのです。椅子で生活すれば正座もできなくなる。ライフスタイルを変えること自体が気に食わない。

皇太子裕仁は一九二一年一一月二五日に摂政になって事実上の天皇になるわけですが、そうすると、新嘗祭もやらなくてはいけない。翌年の一九二二年一一月二三日は初めて自ら新嘗祭を行なわねばならないはずだった。しかし、その日、摂政は地方視察で松山にいてビリヤードをやっていた……。皇后は怒り、久邇宮良子《くにのみやながこ》、すなわち香淳皇后との婚約が当時すでに決まっていたわけですが、新嘗祭をきちんとやらない限り、結婚を認めないと言い出すわけです。

奥泉　松山にいて、誰かに代拝させたということですか。

原　『大正天皇実録』同日条には「神嘉殿ニテ新嘗祭ノ儀ヲ行ヒ、二十四日暁ニ及ブ。御静養中ニヨリ御拝アラセラレズ」とあります。掌典長が代拝したのでしょうが、摂政として本来やるべき皇太子が新嘗祭をやらなかった。そして翌年、関東大震災が起こる。

奥泉　祭祀を軽んじたせいだと……。

原　ええ。「神のいさめ」だと和歌に詠んでいます。

昭和・平成・令和の宮中祭祀

奥泉　その後はどうなのでしょう？　即位後の昭和天皇は宮中祭祀を熱心にやっていたのでしょうか。

原　やらざるをえなくなるわけですね。

奥泉　やはり関東大震災のせいだったわけですか。

原　関東大震災の前から、必死になって練習するんです。『昭和天皇実録』によると、皇太子裕仁は一九二三（大正一二）年五月一一日、掌典長の説明により、新嘗祭の練習を始めています。三一日にも行なっています。それでなんとか新嘗祭を無事行なって、ようやく結婚を認めてもらうわけです。翌一九二四年に結婚しますが、天皇になってからも、皇太后になった母親から「真実神ヲ敬セザレバ必ズ神罰アルベシ」（国立国会図書館憲政資料室所蔵「倉富勇三郎日記」）と警告される。

奥泉　たいへんでしたね、昭和天皇は。

原　そういうわけで、昭和初期が一番祭祀に出る回数が多いのです。明治天皇も大正天皇も、明治や大正の後期になるとほとんどやらなくなりますが、昭和天皇の場合は大正から昭和になったとたんに、それまで天皇が出なければならなかった祭祀だけでなく、毎月一日、一一日、二一日と、一のつく日の旬祭にも出ることになります。

奥泉　明治天皇はやっていなかった？

原　まったくやっていない。

奥泉　昭和天皇がはじめてやった。

原　とにかくやらざるをえなくなって、そうするとスケジュールが全部縛られてしまう。もちろん御用邸などにも行っていてやらない場合もありますけれど、常に祭祀の日程を意識せざるをえない立場に追い込まれた。

奥泉　戦後はどうなのでしょう？

原　やはりやっていました。さすがに旬祭まで全部やっていたわけではありませんが、少なくとも一九六〇年代まではかなりやっていまして、七〇年代以降、侍従長となる入江《いりえ》相政《すけまさ》が天皇の年齢を考慮して減らしていくわけです。少しずつ減らして、最後は新嘗祭だけになります。

奥泉　その後を継いだ平成の天皇はいかがでしょう？

原　実は、昭和天皇以上に熱心だったのです。

奥泉　それは私も聞いたことがあります。

原　八十代になっても全部やっていました。皇后も同様でした。昭和天皇とは異なり、代拝をさせなかったのです。

奥泉　それはなぜなのでしょう？

原　やはり皇后美智子の影響だと思います。皇后が非常に熱心でした。

奥泉　そうなんですね。

原　宮内庁長官を務めた田島道治《たじまみちじ》の『昭和天皇拝謁記』が最近出版されました。田島と天皇のやりとりを記した「拝謁記」は、一九四九（昭和二四）年から五三年までの四年一〇カ月間しかないので比較的短期間です。一方で田島の日記というのも残っていて、長官を辞めたあとの一九六〇年代までかなりの記述があります。

皇太子夫妻が結婚したあとの、一九六〇年代の宮中の様子が垣間見えるという意味ではきわめて貴重です。皇太子妃のこともけっこう書いてあるんですよ。皇太子妃のカウンセラーになる神谷美恵子が田島に宛てた書簡なども収録されています。田島道治が一九六六（昭和四一）年五月一七日の日記で、「貞明皇后御例年祭。九・三〇賢所に行く。皇后様御代拝、皇太子同妃は御同列にて御拝。珍らしき新例のやうに思ふ。如何にや」と書いているんですね（『昭和天皇拝謁記』7、岩波書店、二〇二三年）。明らかに、皇太子だけでよいではないかというニュアンスなんです。

奥泉　その影響で平成の天皇も熱心だったと。

原　当時、宮中祭祀にうるさかった女官の今城《いまき》誼子《よしこ》の影響力もあると思います。

奥泉　ではさらに、今の天皇はどうでしょう？

原　宮内庁のホームページを見るに、現天皇も非常に熱心ですね、現上皇も熱心でしたが、平成末期になると旬祭への出席の回数を減らしました。しかし今の天皇は旬祭にも出ています。コロナ禍があって行幸がまったくできなかったことも影響しているように思います。

奥泉　なるほど。濃淡あるにせよ、宮中祭祀が継続されるなかで、天皇が祈る存在であるというイメージが維持強化されてきたことがわかります。

文明開化は天皇とともに

奥泉　さて、話を明治初期の行幸に戻したいと思います。先ほど大久保利通が行幸したほうがいいと進言したとうかがいました。たしかに当時は誰も天皇のことなんて知らないわけです。とくに一般大衆は。

原　御簾《みす》の向こうに隠れているだけですからね。

奥泉　京都の一部の人しか知らないところから、なんとか天皇崇拝というものを軸にして、国民の統合、あるいは国民の創生を図っていこうと考えた。その手段の一つが教育ですが、行幸もあったわけですね。変な問い方ですが、これは効果があったのでしょうか。

原　少なくとも地方に住んでいる人たちはまったく知らなかったわけです。知らない人たちに天皇の存在を知らしめるという意味はたしかにあったと思います。

それとともに、メディアも発達してきますね。新聞はかなりよく伝えているし、一八七六（明治九）年の明治天皇の東北北海道巡幸に随行した岸田吟香《きしだぎんこう》のように手記を発表する人たちも出てくる。そういうかたちで実際そこに居合わせていない人たちも含めて、地方を巡る天皇という存在は相当にインパクトがあったのではないかと思います。

先に話したように、天皇と一緒に西洋文明がやってくるという面もあるわけです。一八七二（明治五）年に新橋―横浜間に鉄道が正式に開業する前から、天皇は鉄道に乗っています。一八八一年に北海道を訪れたときには、小樽に近い手宮《てみや》と札幌の間はできたばかりの鉄道に乗り、迎賓館として建てられた札幌の豊平館《ほうへいかん》に泊まっています。京都―大津間や京都―神戸間の開業に際しても、鉄道で往復しています。そうすると、天皇のイメージが文明開化をもたらしてくれる存在として認識されることになる。

奥泉　しかしそう考えると、明治天皇という人はすごいですね。立憲君主の席を占めつつ、万世一系の血筋による民族の統合の象徴性をもち、国家神道の祭主としてのイメージをも担い、そしてさらに文明開化のシンボルでもある。二重、三重、四重のシンボル性を明治天皇という人は帯びていた。それをみごとに演じたというか、やりきった。

原　そうなんです。天皇がたとえば「今日はここから動きたくない」とか「今日は具合が悪いから寝ている」とか言ったら、すべて成り立たないわけで、そういうことがほとんどなかったわけです。いわゆる六大巡幸をほぼ予定どおり終わらせる。

奥泉　ちゃんとやっているんですよね。いろいろな要請にも応えて、海外の要人と会うとか、パーティーに出るとか。それも洋服を着て。ついこのあいだまで禁裡の奥にいたのに。考えると不思議なことです。

原　逆に、あまり積極的でないときは周りが説教しています。一九〇二（明治三五）年に熊本に行っていますが、陸軍特別大演習が終わったあとの宴会に天皇が出たくないと言ったときに、山縣有朋《やまがたありとも》が説教しているんですよ。「抑々《そもそも》陛下一身の行動は国民の斉《ひと》しく瞻仰《せんぎょう》して以て範と為す所、一顰一笑《いっぴんいっしょう》も之れを苟《いやし》くもしたまふべからざるは、聖明夙《つと》に知りたまふ所なり、然るに今謂《いわ》れなく恣《ほしいまま》に予定の臨御を廃したまはんとす、当《まさ》に全軍沖天《ちゅうてん》の意気を沮喪《そそう》せしむるのみならず、地方官民をして失望せしむること幾許《いくばく》、為に延いて天下をして聖明を疑はしむるが如きことなきか、是れ臣が深憂に堪へざる所なり」（『明治天皇紀』第十、吉川弘文館、一九七四年）。尻を引っ叩くくらいの感じで「出なさい」と言って、天皇もやむなく出るということがありました。

天皇が五十代になる明治三十年代でもそうなのです。やはり明治天皇は周りに育てられた。山縣にしても伊藤博文にしても、明治の末くらいまである種の親のような役割を果たしているわけです。実父の孝明天皇はとっくに死んでいますが、彼らが親代わりみたいに絶えず見ている。行幸も同行したりして、ある種の監視をしている。その中で常に天皇は天皇として振る舞わざるをえなかった。

お雇い医師のエルヴィン・ベルツは、一九〇〇（明治三三）年五月九日の日記に「現代および次代の天皇に、およそありとあらゆる尊敬を払いながら、なんらの自主性をも与えようとはしない日本の旧思想を、敢然と打破する勇気はおそらく伊藤にもないらしい」（トク・ベルツ編『ベルツの日記』上、菅沼竜太郎訳、岩波文庫、一九七九年）と慨嘆しています。

奥泉　なるほど。そうした元勲らの指導下で、政治的な決定に関しても立憲君主としてのあり方をまっとうしていますよね。元勲たちが束になってくれれば、いいなりになるしかないけれども、元勲と元勲が対立するときには調停の役目を果たしたりもしている。明治政府内での政治的機能をしっかり果たしていた。

のちの時代に明治時代がノスタルジックに回想されるのはよくわかります。司馬遼太郎が典型ですけど、要するに昭和は間違えたが明治はよかった、と。大日本帝国憲法の規定は分権的で、権限責任が分散していた。内閣の権能が弱くて、各政治勢力が個別の利害に固執しだすとばらばらになってうまくいかない。そこを元勲たちが調整能力を発揮してうまく運営していたわけですが、その調整装置のなかの一つの大きなパーツとして明治天皇がいた。そのようなイメージで捉えられる。

原　そうですね。

明治天皇の神格化と一般大衆への浸透

奥泉　政党からの挑戦があり、軍からの挑戦があり、明治政府はいくつかの挑戦を受けるんだけれども、うまく調整して回していけるシステムに明治天皇を組み込んだ。これは支配的エリート層の話ですが、一方で先に述べた中間層が天皇に対する尊崇の観念をつくっていく。よく言われる密教と顕教《けんぎょう》です。

原　久野収《くのおさむ》さんの説ですね。

奥泉　密教的には、天皇は「玉」。

原　天皇機関説ですね。

奥泉　しかし、顕教的には「神」。そういうかたちで国民の統合を図る。そうしないと戦争に行って決死で戦うような国民は創生できない。天皇は神聖にして侵すべからず。顕教的には天皇をそのようなものにしていく。この顕教を担い、一般大衆への宣伝をよくしたのが中間層の人たちだった。それが実際にどの程度一般大衆の中に浸透したのか、私にはよくわからないのですが、いずれにしても中間層は、天皇の神聖性を強く打ち出すかたちで国民の統合を図っていく動きのエンジンになった。

大逆事件を起こした人たちのように、反対もあったが、それは少数派で、大多数は顕教としての天皇崇拝を民衆に伝えていく役割を果たした。これは明治時代を草の根的に通貫して、日清戦争、日露戦争という対外戦争を契機に、日本のナショナリズムは大きく高揚する。

原　明治天皇が重体に陥ったときには、「苟も日本に生れて都近う住めらん限りの者は何事をさし措いても請《こ》ふ！行《ゆ》け！行《ゆ》いて二重橋の畔皇上いたつきに悩ませ給ふ辺に至れ」（『東京朝日新聞』一九一二年七月二八日）という記事まで出ています。

奥泉　そうなんですね。

原　少なくとも明治も末になれば一般大衆レベルにおいても相当に天皇崇拝が浸透したと思いますし、天皇の重体が発表されたときには早くも隅田川の川開き（花火大会）を自粛するという動きが出てきて、夏目漱石が日記で「天子いまだ崩ぜず。川開を禁ずるの必要なし。細民これがために困るもの多からん。当局者の没常識驚ろくべし」と批判していま

す（三好行雄編『漱石文明論集』、岩波文庫、一九八六年）。

明治が終わったときに徳冨蘆花は「陛下が崩御になれば年号も更《かわ》る。其れを知らぬではないが、余は明治と云う年号は永久につゞくものであるかの様に感じて居た」（『みみずのたはこと』、岩波書店、一九三三年）と述懐していますが、要するに明治天皇はそこまで神格化されていたわけです。不死の存在みたいに見られていた、一般大衆レベルではそれに近い感情があったと、私には思えます。

明治天皇のあとを追うようにして、乃木希典《のぎまれすけ》、静子夫妻が殉死します。あれもすごく大きな反響を巻き起こした。あれも明治に殉じるみたいな意味があったわけでしょう。それはかなり一般大衆の感情とも共振している気がします。

奥泉　列島にあまねく行き渡る天皇の威光があった。そして明治天皇の崩御とともに、一つの時代が終わった、と。

原　はい。一九二〇（大正九）年に創建された明治神宮にしても、一般大衆の素朴な感情というか、天皇陵を京都にもっていかれてしまったからそれに代わる神社を東京につくるということならば、あっという間に金が集まったわけです。明治天皇に対する相当な崇敬の念が行き渡っていなければそんなことになりません。

奥泉　なるほど。中間層が主導した天皇崇拝は、明治期の終わりには広く一般大衆に根づいていたと考えていいわけですね。

現れる天皇、見えなくなる天皇

奥泉　天皇崇拝を広げていくといったとき、初期は行幸をつうじて天皇は人前に姿を現した。原さんが分析されていることですが、明治期後半はあまり出てこなくなるのですよね。むしろ隠れる。そのことが明治天皇の神格化にむしろ結びついたというふうによく言われるのですが、そこのところはどうなのでしょう?

原　そうだと思います。六大巡幸のときは積極的に顔を見せていたし、学校の授業なども参観して、顔を晒している。県庁に行ってもそうだし、産業施設に行ってもそうです。そういうところでも生身の身体を晒していたのが、一八九〇年代以降になると、ほぼ軍事行幸だけになっていきます。

演習地に行くために鉄道で往復するだけになり、原則としてダイヤ通りに走る御召《おめし》列車でただ通り過ぎていく。実体を晒しているのは演習地だけですから、ごく限られた兵士は見ていたかもしれませんが、圧倒的多数の人たちは見られなくなってしまう。

その代替物としての役割を御真影が果たしていった面があるわけです。御真影は実体ではなくてイメージを誇張したものですから、あのような威厳に満ちて、非常に男性的で軍事的なシンボルとしてのイメージがせり出してくることになる。

奥泉　それを補完するように、皇后のイメージもつくられていく。

原　皇后の御真影も天皇とセットでつくられました。皇后をはじめとする女性皇族は、銃後の守りと言いますか、後ろにいて天皇を支えながら、病院を慰問したり、結核患者やハンセン病患者に対して手厚い保護をしたり、女子教育を奨励したり、養蚕や蚕糸業を奨励したりするなどの役割に徹することになります。

奥泉　そういう役割分担で皇室のイメージをつくっていったんですね。

原　そうです。明治天皇はそれがうまくいったのですが、大正、昭和になるとそうではなくなる。昭和天皇は実体を晒しつつ、白馬に乗ったり二重橋に現れたりすることで神格化を図ろうとしましたが、あれには限界があった。渡辺清が『砕かれた神』（一九七七年）の中で書いていますね、「なぜ肩のやや小柄な体、間がぬけたような副のひろい眉間、細縁の円い眼鏡に短かい口ひげ、そしていくらか猫背のところまで、なんとなくうちの村役場の田中収入役に似ていると思った」。神格化しようとしても、実体を晒してしまったら、いろんなふうに感じる人が出てきてしまいます。

奥泉　それはまあそうなりますよね。

神出鬼没の大正天皇

奥泉　大正天皇はどうだったのでしょう？　大正天皇は皇太子時代、わりと気楽にいろいろなところに行っていますね。そんなにひょこひょこ出歩くな、とはならなかったのでしょうか。

原　あちこち出かけるようになるのは、皇太子の教育方針に大きな変更があったからです。東宮輔導になった有栖川宮威仁《ありすがわのみやたけひと》親王が、皇太子の健康を重視し、実地での学習を兼ねて皇太子が結婚した一九〇〇（明治三三）年から地方を本格的に回らせました。それとともに、天皇の行幸に見られたような規制を大幅に緩和したのです。

その結果、皇太子は旅行好きになり、行く先々で奔放に振る舞うようになる。突然いなくなるとか突然現れるとか、なんだか神出鬼没です。言いたい放題言いますし、それが新聞に出て、発言の部分だけ四倍角のサイズになっていたりとか……

奥泉　面白いですよね。それに対して支配的エリート層の人たちは苦々しく思っていなかったのかな。

原　体力の養成を重視する有栖川宮の方針があったので、問題にはなりませんでした。明治天皇がしっかりしているから、多少のことがあってもそれによって直ちに天皇制の正統性そのものが崩れるとは考えていない。むしろあまりにも皇室が持ち上げられてしまうことによって懸隔ができることを恐れていたと思う。

奥泉　それはそれで悪くない、と。

原　要するに両方の面がないとだめだという考え方もたぶんあったと思います。ひたすら権威ばかりが強化されていくのもだめだし、ひたすら庶民に寄り添っていくのもだめ。ある程度両面がないと安定しないという考え方はあったような気がします。

奥泉　なるほど。そうなると、変な言い方ですが、皇太子時代の大正天皇はけっこううまくやっていたとも言えますね。

原　そうとも言えますね。ただ、『大正天皇』（朝日文庫）に書きましたが、一九〇〇年の結婚から天皇になるまでの一二年間、全国を回っている時期にすべての行啓が同じだったかというとそうでもなくて、私的な学習のための前半の行啓と、公式の意味合いが強くなる後半の行啓に大きく分かれます。

私的な学習のときのほうが自由度が大きい。天皇の名代的な意味合いをもつ場合、たとえば一九〇七（明治四〇）年の山陰巡啓なんかがそれにあたりますが、そういうときには天皇の行幸に近いようなかたちになる。皇太子は開通したばかりの山陰本線に乗り、鳥取を訪れた日に初めて電気が点灯されていますからね。

奥泉　天皇に即位した後も、大隈重信とか原敬とか、当時の政権中枢にいた人たちとの関係はうまくいっていた。

原　明治天皇が御召列車に乗って地方に行くときは、天皇が乗る御料車は基本的に天皇専用で政府関係者は同乗しない。大正天皇はこれに耐えられない。原を呼びつけて御料車の中でずっと話をしていたようです。「汽車中にて御召あり」「両陛下の御前に於て種々の御物語をなしたり（先帝の御時代には此くの如き事なし）」と、原の日記にあります（『原敬日記』5、乾元社、一九五一年）。

しかし原はそれに対して別に批判はしていない。先帝とは変わったが、大正はこういう流儀なんだ、というような受け止め方をしている。ですから、大正期の政治家の中でも、山縣みたいにひたすら明治を理想とするタイプと、原や大隈重信のように柔軟に対応するタイプがいて、後者のタイプを大正天皇は好きになる。

奥泉　大正天皇は山縣が嫌いなんですよね。

原　大嫌いです。

奥泉　それにしても短いですよね、実質的に天皇として動けていたのは。

原　裕仁が皇太子のまま摂政になるのが一九二一（大正一〇）年一一月二五日です。実際にはその前から天皇は体調を崩していて、皇太子が代わりに陸軍特別大演習を統監していました。大正天皇は、天皇になってからも皇后と一緒に葉山や日光の御用邸に長期滞在するなど、「大正流」を貫こうとしましたが、明治天皇を理想と見なす山縣らによってつぶされたという言い方もできると思います。

昭和天皇を神格化する演出

奥泉　昭和天皇はまた新しい仕方で天皇像を人々に示す。皇太子時代の一九二一（大正一〇）年、ヨーロッパに外遊して帰ってきたとき、日比谷公園で奉祝会が開かれます。このとき、人前に姿を現すだけでなくて、肉声を発する。言葉を直接語るというかたちで国民と対峙する。「今特に斯の場を設けて、盛大なる祝賀を受くるは、予の満足する所なり」と自ら「令旨」を読み上げています（鶴見祐輔『後藤新平』第四巻、後藤新平伯伝記編纂会、一九三八年)。メディアもすでに新聞だけではなくなっていた。

原　とくに活動写真の登場が大きいですね。外遊では活動写真が解禁されました。

奥泉　メディアを通じて、のちの昭和の青年将校らが理想としたような、一君万民の天皇親政のイメージがつくられていった。

原　はい、それを強化しています。

奥泉　明治の初期にも天皇親政のイデオロギーはあったけれども、明治国家建設のなかでしばらく鳴りをひそめ、立憲君主制でやってきた。しかし、それがもう一度膨れ上がっていく大きな結節点ですよね。

原　そうです。『大正天皇』などにも書きましたが、日比谷公園で開かれた市民奉祝会は、当時東京市長だった後藤新平の発案でした。

奥泉　意図的に演出をした?

原　ええ。日比谷のあのスタイルはそうだと思います。もう一つが、先ほど触れた京都の平安神宮大極殿で開かれた市民奉祝会です。そのあとに摂政になっているところを見ると、政治的意図があったのかもしれません。

奥泉　昭和天皇も戦前に行幸を行なっていますよね。

原　やっています、皇太子時代に一度沖縄県を含むすべての道府県を回っています。佐渡や隠岐、淡路島、小豆島などの離島も回っている。植民地の台湾と樺太にも行っていますから、大正天皇を上回る規模の行啓を皇太子時代からやっていました。

奥泉　天皇を神格化するためにはあまり人前に出ないほうがいいという矛盾はなかったのかな。明治天皇がすでに神格化されていたので、その延長上で、新たな演出を加えていくことができたのかもしれませんね。とにかく行啓、行幸はずいぶんしてます。

原　初期には皇太子嘉仁《よしひと》と同様、学習の一環として地方を訪れていました。もう一つ、歴代の天皇陵を回るという意味もありました。東宮御学問所で皇太子時代の昭和天皇に国史を教えたのは白鳥庫吉《しらとりくらきち》です。白鳥の著した教科書は徹底して天皇中心。神武から明治に至る歴代天皇の聖徳を教授していく。

おそらくは白鳥の意向によって皇太子は数多くの天皇陵や火葬塚を訪れています。鹿児島県内にある、神武以前の瓊瓊杵尊《ににぎのみこと》陵や彦火火出見尊《ひこほほでみのみこと》陵まで含んでいます。もちろん奈良とか京都とか大阪はいうまでもないですが、佐渡の順徳の火葬塚や、隠岐の後鳥羽の火葬塚まで回っている。それを考えると、大正天皇よりももっと広範囲に及んでいます。

奥泉　それも全部メディアによって……

原　報道されています。

奥泉　そうしたことを背景に、昭和十年代に神格化が進んでいくわけですね。

原　昭和天皇に関しては一九二八（昭和三）年、京都での即位大礼の段階ですでにそれが垣間見えます。その後になって出てきたというよりも、やはり大正と昭和の違いというものをはっきり演出しようとしている。明らかに大正が終わって昭和になったときに、明治天皇に重ねるようなかたちでの神格化がすでに始まっています。

大礼のために御召列車が京都に向かったときには、天皇の視界に入る駅の便所を白い幕で覆っています。不浄なものは隠さねばならないというわけです。大正のときはそんなことはまだない。ところが昭和になると、聖なるもの、清らかなもの、浄なるものとして、天皇を演出したいという意図が働き始めます。

主導する中間層

奥泉　エリート層にはいろいろな考えの人がいたと思うのですが、次第に社会の大きな勢力となってきた中間層が、昭和天皇の神格化を主導し、これも大正時代以降ぶ厚くなってきた大衆がその共鳴板になった。

原　そうですね。中間層がある意味では勝手にやっている。上からいちいち指示されてやっていたわけではない。

奥泉　そうなんですね。

原　昭和の大礼を調べていてもう一つびっくりしたことがあります。東海道本線で東京から京都に行くときに立体交差する私鉄がいくつかあるのですが、もちろん御召列車が通る直前に私鉄の運行を止めるというのは大正のときもあったのです。しかし昭和の大礼はそれだけではない。電気の流れを止めるんです。天皇の上や下を電気が流れているのが畏れ多い、と。たぶん国はそこまで言っていないはずですが、私鉄会社のほうがそこまでやってしまう。

奥泉　やれと言われていないのに、勝手に忖度《そんたく》したと。

原　昭和になるとそういうのが出てくるんです。

奥泉　そうした神格化が、対外拡張に向かっての、中間層を先頭にした国民大衆の暴発と結びついてしまう。それが太平洋戦争につながるわけですが、もはやエリート層には国民のエネルギーを抑えきれない。

原　本当にそうです。そういうことがいくつもあって、一九三四（昭和九）年、陸軍特別大演習の統監のため群馬県に行ったとき、桐生市内で先導する地元警察の車が道を間違えるんですね。結局、その警官は自殺を図るのです（鹵簿《ろぼ》誤導事件）。

奥泉　神格化された天皇をめぐって、中間層の人たちが起こす事件がいろいろとあった、と。昭和天皇がまだ摂政だった一九二三（大正一二）年、車で帝国議会開院式に向かうところ、無政府主義者・難波大助に杖銃で狙撃されます（虎ノ門事件）。このとき、難波大助の家族のみならず、郷里の山口では卒業した小学校の先生とか、そういう人たちまで責任をとらされるかたちになる。

原　衆議院議員だった父・難波作之進は直ちに辞表を提出して蟄居《ちっきょ》し、ほとんど食事も摂らずに死んでしまいます。山口県にある難波の実家を見に行ったことがあるのですが、すっかり荒廃していて、いまだに近づきがたい雰囲気が漂っていました。

奥泉　今から見ると、びっくりする話が多いですよね。

原　たとえば関東大震災のときには、御真影を守ろうとして命を落とした教職員らも多かったと言います。

奥泉　それは一般大衆ではない。明治天皇が亡くなったあたりから大正期、昭和期を通じて、極端に天皇を神格化するムーブメントが中間層を中心に起こり、活動写真やラジオといったメディアの発達が大きく作用してこれを増幅していく。そのことが天皇制のかたちを決定していく。

原　そうですね。

秩父宮と二・二六事件

原　それから、少し異なる角度では、軍人たちの視点も大事になってきますが、陸軍では秩父宮《ちちぶのみや》の人気が高かったんですね。昭和天皇というのは学究肌で、服部広太郎《はっとりひろたろう》の影響から生物学者となり、一九二九（昭和四）年には南方熊楠《みなかたくまぐす》に会いに和歌山県まで行っている。翌年は伊豆の天城《あまぎ》山中で粘菌の採集に熱中し、沼津御用邸に戻る時間が大幅に遅れてしまう。そのときの半ズボン姿の写真が東京朝日新聞に堂々と出ているわけです。それを見て失望する軍人がいるんですよ。特に陸軍の中で、「なんだ、これは。これが大元帥か！」みたいな……。

　そういう人たちは弟の秩父宮になびく。秩父宮のほうが猫背の天皇よりも外見がよく、登山とかスキーとかスポーツ万能で、東京・麻布の歩兵第三連隊で後に二・二六事件（一九三六年）に加わることになる安藤輝三《あんどうてるぞう》らと同じ釜の飯を食っている。だから親近感もあるわけです。秩父宮が東京に居続けることに危機感を覚えた天皇は、秩父宮を弘前の歩兵第三一連隊に転任させる。にもかかわらず、二・二六事件のときに上京してくる。

奥泉　秩父宮に進講したことのある平泉澄《ひらいずみきよし》が会いに行ったりしていますね。

原　秩父宮は弘前から上野に向かう際、最短ルートをとらずにわざわざ大回りします。二月二七日朝に上野を出た平泉と群馬県の水上で落ち合って、列車内で密談をしています。

それに関連して面白い話がありましてね。保阪正康さんが『文藝春秋』に書いているのですが、保阪さんと半藤一利さんは平成末期に宮中に呼ばれて天皇皇后と懇談することがあったそうです。保阪さんは『秩父宮』（中公文庫、二〇〇〇年）という著書の中で、二・二六のときに上京してきたのはあくまでも兄宮を補佐するためであって、世間でいわれているような野心はもっていなかった、あれは完全に誤解である、と書いている。だから現上皇に対して「秩父宮殿下が二・二六事件に関与したとか、青年将校にかつがれる危険性があったという見解は間違いだと思います」と言うと、「陛下は意外なことに、「そうですかあ」と腑に落ちない表情でおっしゃった。語尾の「か」が上がった明らかな疑問を呈する言い方だった」というのです（『文藝春秋』二〇二三年二月号）。

その場にいた半藤さんも、「あのお返事は微妙だったなあ。語尾が上がっていたからねえ」と言っていたらしい。つまり現上皇は、秩父宮上京には野心があったと見ているのでしょう。だとすれば、たぶんそれには何らかの証拠がある。

奥泉　そうなのかもしれませんね。

原　貞明皇后と昭和天皇の確執、あるいは秩父宮と貞明皇后の関係に早々と目をつけていた松本清張は鋭い。未完におわった最後の小説『神々の乱心』では、昭和天皇に代わって秩父宮を皇位につかせようとする教団を描いています。二・二六の際に上京した秩父宮は宮中からまっすぐに皇太后のもとへ向かい、長時間とどまっているのです。やはりあのとき皇太后と秩父宮は手を組んでいる。それを察した昭和天皇は、だから激怒したのだと、私は思います。

奥泉　なるほど。

一般大衆の想像力と空虚な支配構造

奥泉　いずれにしても、最も答えの出しにくい問いが一つ残ります。エリート層でも中間層でもない一般大衆は、本当のところはどうだったのか……。先ほども名前の出てきた渡辺清は、戦後まもなく静岡の地元に復員すると、天皇が処刑されるかもしれないという噂が広がっていて、近所の人が「天皇陛下の首が吹っ飛んだって文句は言えねえわさ……」と話していると、『砕かれた神』の冒頭で書いています。大衆のもつ天皇に対する観念や心情はなかなか捉えがたい。

原　「遠眼鏡事件」と呼ばれる大正天皇に関する不敬な噂というものはすごく広がったわけです。先ほども言ったとおり、皇太子裕仁が摂政になった後、大正天皇は完全に引退したのに、それでもなお五年あまりは生きている。つまり、大正最後の五年間というのは、天皇はいるけれどもいない、というような時期と言えますが、この時期にやはり相当に噂が出回っています。

先ほど出た虎ノ門事件にしても、非常に不敬な噂が出回る。なぜ難波大助が摂政を狙ったのかといえば、実は難波には許嫁《いいなずけ》がいて、摂政に許嫁を寝取られた仕返しでやったのだ、と。そういう噂が事件直後にあっという間に広がるのです。

奥泉　それが大衆の想像力というものなんでしょうね。公の場ではひたすら畏れ入る態度をとるけれども、裏に回ればじつはそうでもない。天皇崇拝一辺倒だったとは捉えられない。

原　そうですね、捉えられない。むしろ一般大衆だからといって、昭和初期であっても天皇制イデオロギーに染まっているとは限らない。

奥泉 限らないですよね。むしろそんなに染まっていなかったのではないか。でなかったら、戦後すぐにあんなにマッカーサーを拝するような感じにならないと思うのですが。

原 本当にそうです。一九三二（昭和七）年の五・一五事件に関与することになる橘孝三郎は、車内で「純朴その物な村の年寄りの一団」と乗り合わせ、彼らが将来の日米戦争の可能性について語り合い、「まけたつてアメリカならそんなにひどいこともやるまい。かへつてアメリカの属国になりや楽になるかも知れんぞ」（『日本愛国革新本義』）と言っていることに驚愕しています。また永井荷風は『断腸亭日乗』の中で戦争末期の庶民の実情をありありと描いていますが、一九四四（昭和一九）年三月一四日には「凡そこの度開戦以来現代民衆の心情ほど解しがたきものはなし。多年従事せし職業を奪われて職工に徴集せらるるもさして悲しまず。空襲近しと言はれてもまた驚き騒がず。何事の起り来るとも唯その成りゆきに任かせて寸毫の感激をも催すことなし。彼らは唯電車の乗降りに必死となりて先を争ふのみ」と記しています。これを読むと、庶民の関心は戦争の行方よりも「電車の乗降り」の方にあったことがわかります。

奥泉 そういうぶ厚い大衆の層がずっとあり続けていて、天皇崇拝は彼らの心情の奥まで浸透していなかったと見るほうがむしろ正しいのではないでしょうか。

加藤周一が「天皇制について」（初出一九五七年）という文章で、戦時中は天皇に対する忠誠を日本人は強く示したが、それはじつは実体がなかったのではないかとの趣旨のことを書いています。その言い方が面白くて、「臣民という役が用意されていたので、その役を見事に演じた」というのです。「天皇は現人神を演じ、国民は臣民を演じた。誠心誠意、役柄と一体化するところまで演じたので、それぞれ演じていたといっても、それぞれそのものであったといっても、一見殆ど同じことのようである」、と（『加藤周一自選集2　1955―1959』、岩波書店、二〇〇九年）。

また、「信じてはいた、しかし何時でも信じるのをやめることができるように、つまり、舞台で演じるように信じていたのである。実体は現人神だけではなく、忠良なる臣民にもなかった。実体があったのは、無名の権力支配機構そのものだけであろう」（同）、それが天皇制というものだと、そういう言い方をしているのです。これは正しいのではないかと思います。もともといろいろな生き神がいて、別に天皇でなくても、何かしらに畏れ入るという精神構造があったという話に通じますね。

原　つまり、最初に話したことに返っていくんですよね。古代はたしかに中国を手本として儒教的なイデオロギーをつくろうとしたし、それにふさわしい建造物もつくった。ところがもう平安時代の途中からそれを放棄して、実態としてだらだらと続いてきた。だからわざわざそれを正当化する空間を必要としなくなった。明治になって、そのだらだらと続いてきたことをもって「万世一系」という全く別のイデオロギーにしてしまった。――そこに行き着くのではないかと思います。

奥泉　近代に至っても、とりあえず万世一系の天皇の絶対性、神聖性というものは打ち出したけれども、その中身は空虚なものだったということですね。

原　そうです。たとえイデオロギーをつくっても、本気になってそのイデオロギーを国民に注入しようというところまではやらなかった。『完本　皇居前広場』（文春学藝ライブラリー）に書きましたが、昭和初期には皇居前広場、当時の言い方では宮城前広場が最大の政治空間になる。たしかに紀元二六〇〇年のときにはここに仮宮殿を建てて式典を行ないましたが、あくまでも仮のものであって、式典が終わればすぐに壊して更地にしてしまう。大嘗祭のときに建てられる大嘗宮と同じです。二重橋にしても、あれはそもそも橋であって舞台装置としてつくられたわけではない、それをただ利用しただけです。

井上章一さんがドイツのナチズムとかイタリアのファシズムと比較されていますけれど

（『夢と魅惑の全体主義』、文春新書、二〇〇六年）、本家本元の全体主義のようにイデオロギーにふさわしい建造物をつくるという発想は、やはり日本にはなかった。

奥泉　それはなかったが、中間層の人たちを中心とする神格化された天皇イデオロギーが政治的に機能して、それが国家を動かしていくということになった。

原　たしかにそうなった。しかし、いま空間の話をしましたが、一方で時間の話があるわけです。特に日中戦争が勃発した後、時差をなくして植民地や「満州国」や占領地を含めて時間を統一するとともに、さまざまな記念日や天皇の靖国神社、伊勢神宮参拝などに合わせて、特定の時刻を決めて一斉に全国民が一分間同じ姿勢をとるよう強制する。イデオロギーをつくることにはまったく熱心ではありませんでしたが、そうした時間支配にはものすごく熱心だった。

奥泉　観念の中身は空虚なまま、形式的な時間支配は行なう。

原　そうです。空虚でかまわないが、その瞬間は皆が一つになっている。植民地や「満州国」や占領地まで含めた「想像の共同体」ができあがる。「紀元二六〇〇年」に当たる一九四〇（昭和一五）年の紀元節でも午前九時が「国民奉祝の時間」とされましたが、朝鮮の羅南公立尋常高等小学校四年の児島昭子は、「紀元節の朝、九時に報ずるサイレンとともに、皆一せいに宮城に向って、最敬礼をした時の一億の国民は、皆どんな心持であったでせう」と書いています（「時間」、原武史・吉田裕編『岩波天皇・皇室辞典』、岩波書店、二〇〇五年所収）。

奥泉　加藤周一の言う「無名の権力支配機構」そのものですね。

原　そういうことです。時間の話を続ければ、一九四二年に昭和天皇は戦勝祈願のために伊勢神宮を訪れるのですが、参拝した一二月一二日午後一時二二分は、翌年から「一億総神拝の時間」と定められ、やはり植民地や「満州国」や占領地を含む「一億」の民がいっせいに神宮遥拝を行なうことになります。

その時間に遥拝をしろと言われた、当時東京医科大学の学生だった山田風太郎は、一九四四（昭和一九）年一二月一二日の日記にこう書いています。「一時二十二分伊勢神宮に遥拝黙禱。これも何のことやら分らざればききたるに、一昨年のきょうのこの時刻、天皇陛下神宮に御親拝、敵国降伏を祈願したまえばなりと。これも珍なり」（『戦中派虫けら日記』、ちくま文庫、一九九八年）。

奥泉　とにかくかたちをつくる。

原　何のためにやっているのか皆わからないわけですが、隣組とか回覧板とかをつうじて一斉にやりなさいと言われているので、周りがやっているのに自分だけやらないのはまずいだろうという感じでしょう。

奥泉　そういう意味ではやはり、いわゆる中間層の人たちの突出はあったけれども、一般大衆には天皇崇拝はそこまで浸透していなかったといっていいですね。

原　そういうことになりますね。

II

昭和の戦争と天皇制

江戸時代との断絶と連続

奥泉　近現代日本の天皇制を考えるにあたっては、やはり太平洋戦争を抜いてすることはできません。犠牲の大きさもさることながら、戦死者の大半が餓死や病死であるような、きわめて非合理な作戦が繰り返された結果、それまでの近代日本の歩みを全否定しなければならないような敗戦をしてしまった。その一因が、現人神《あらひとがみ》であるところの天皇に対する崇拝を軸にした、神がかり的国家観が燃え盛ったことにあったのは間違いない。このことを無視して天皇制を考えても仕方ないと思います。

なぜそういうことになってしまったのか。明治期からのおさらいも含めて、考えていければと思います。まずは近代の出発点において、天皇の位置づけとはどのようなものだったのか。これをもう一度整理してみたいのですが。

原　江戸時代の将軍は、基本的に見えない存在でした。江戸城にいるのは知られているけれど、わざわざ姿を現すことはない。もちろん日光社参とか上野寛永寺や芝増上寺への参詣とか鷹狩や花見に行くとか、外に出ないわけではありませんが、そういう場合でも基本的に将軍自身は駕籠《かご》の中にいて見えない。見えない将軍に向かってみな平伏していたわけです。要するに、高貴な存在は見えないというような考え方があったと思う。

ところが幕末になって、この考え方が破られる。三代将軍徳川家光の上洛以来、約二三〇年ぶりに一四代将軍の徳川家茂《とくがわいえもち》が上洛したときには、東海道で姿を晒しているからです（久住真也『幕末の将軍』、講談社選書メチエ、二〇〇九年）。沿道では「拝み人」が殺到したという記録も残っています。このこと自体、将軍の「御威光」が衰えたことを暗示していました。そして京都では、攘夷祈願のため賀茂社に行幸する孝明天皇の行列に徳川家茂がつき従う。これもまた、将軍に対する天皇の優位を視覚的に示す出来事でした。天皇の存在感は、幕末になると明らかに将軍を上回るようになるわけです。

明治天皇が京都から東京に来たときはもちろん輿《こし》（鳳輦《ほうれん》）に乗っています。当時天皇はまだ十代半ばの少年でしたから、壮大な行列を組むことで「御威光」を演出しようとした。しかし明治政府の指導者たちは、天皇を積極的に見せる戦略に方向転換するわけです。それが六大巡幸です。六大巡幸は、陸路では基本的に馬車を使いましたが、街道ではしばしば行列を止め、馬車の幌を上げて身体を剝《む》き出しにして、田植えや漁の様子を見ています。もちろん訪問した県庁や裁判所、学校、神社、産業施設、軍事施設、鉱山などでも姿を晒している。ここに江戸時代との断絶があります。

すでに話したように、明治新政府は当初、天皇の支配を正当化するための神道イデオロギーをつくろうとした。一時期、太政官の上に神祇官を置いて最高位に据え、津和野派の国学者を起用したが、しかしすぐに挫折して、あっさりと放棄してしまう。本気だった形跡がない。それよりもとにかく全国で天皇の姿を見せながら、東京から全国各地に西洋の進んだ文明をもたらしてくれたありがたい存在として知らしめる。抽象的なイデオロギーではなく、具体的なモノによって文明開化を実感させる。

連続面としていえることは、支配層が江戸ないし東京を中心とする全国的な交通網を大々的に利用していることです。江戸時代には日本橋を中心として、五街道をはじめ全国的に街道網が整備され、一里塚もできますからどこにいても江戸からの距離が正確にわかる。左側通行が徹底される。ヨーロッパからやってきたケンペルやシーボルトらがみんな感嘆しているわけです。

参勤交代で大名が江戸と領地を定期的に往復する。そうするとその沿道では見事なまでの支配が貫徹するわけです。イデオロギーがあってそれにみなが従っていたということではなくて、見た目の豪華さや行列の長さに圧倒されて、むしろ反射的に土下座している感じでしょう。明治になると、街道に代わって鉄道が発達しますが、天皇が御召列車に乗ることで、視覚的支配そのものは連続するわけです。

奥泉　中身は関係ないんですね。とにかく壮麗な何かを見せて畏れ入らせる。そういう伝統が江戸時代に培われていたと。

原　それがあったから、天皇が列車に乗っても、割合早くから沿線で人々が列車に向かって最敬礼する。駕籠から御料車へと変わっても、見た目のきらびやかさに圧倒され、誰が乗っているのかわからなくてもそうしてしまう。

奥泉　なぜこの人が偉いのかというイデオロギー上の根拠を示すことはなかった。なんだかわからないけど、とりあえず偉い人が来たのだという雰囲気を見せて一般大衆に納得させるという動きだった。

「国家神道」への道

原　天皇自身は元田永孚の影響を受けていますので、決してただスケジュール通りに回るだけで満足していたわけではなかった。それどころか、元田の教えを踏まえて、仁義礼智信といった徳を備えた儒教的な「天子」として振る舞おうとした。たとえば一八七八（明治一一）年の巡幸では、新潟県下で眼病を患った人たちが多いことに気づいた天皇が……

奥泉　仁慈を示す。

原　そう、仁慈を示す。実際に新潟県に御手許金《おてもと》を下賜《かし》しているのです。しかし、その路線は定着しませんでした。天皇を近代的な立憲君主にしようとした伊藤博文らの考え方と全然違うからです。

奥泉　要するに、幕藩体制下で培われていた「御威光」を受け継ぎつつ、神道や儒教を使って、天皇による支配のイデオロギー的な権威づけをしようとしたけれども、うまくいかなかった、と。

一方で、知識層のあいだでは、万世一系の皇統、つまり天照大神《あまてらすおおみかみ》に遡り神武天皇を経て連続している血の高貴性という、一種の神話的な天皇の権威の根拠づけはあった。一般大衆ではない支配層や中間層の人たちには、江戸時代からそうした知識はあって、でなければ天皇を国の中心とする発想は出てこない。

江戸中期に国学が興隆して、国学に培われたイデオロギーをもつ人たちが現れ、水戸学派あたりからそういう主張が政治的にも打ち出されて、それは知識人のレベルでは共有されていたと思いますが。

原　はい。江戸の後期に国学が台頭してくる。本居宣長が「直毘霊《なおびのみたま》」や「玉くしげ」のなかで、のちの「万世一系」につながるようなイデオロギーを打ち出した。日本すなわち「皇大御国《すめらおおみくに》」は、革命がないという点で中国よりもすぐれているとしたわけです。しかしそのあと宣長の没後門人を自称する平田篤胤が出てくる。

篤胤はある意味で事態をややこしくさせた。宣長でストレートにいければシンプルでわかりやすいのですが、篤胤は宣長を批判する。人はみな死ねば黄泉《よみ》に行くと言って死後の世界を想定しなかった宣長に対して、篤胤は目に見えない世界であるとともに死後の世界を意味する「幽冥界」を非常に重視するわけです。オオクニヌシ（大国主神）の国譲りについて記した『日本書紀』一書第二の記述によりつつ、死後の世界はオオクニヌシが支配していると主張します。天皇は「顕明界」という目に見える生前の世界を支配しているけれども、死ねば天皇もオオクニヌシの支配下に入るのだということになる。

そうすると天皇の支配が絶対ではないという話になってくる。まさにこれこそ、篤胤が樹立した復古神道の核心です。六人部是香《むとべよしか》という篤胤の門人は、さらにこの説を発展させ、仲哀《ちゅうあい》天皇、崇徳《すとく》上皇、後鳥羽《ごとば》上皇、後醍醐《ごだいご》天皇をオオクニヌシによって「凶徒界」に落とされた天皇だとしています。

これでは国学の根幹が崩れてしまうということで、津和野出身の大国隆正は『日本書紀』の記述にあえて逆らい、死後の世界もアマテラスが支配していることにしてしまう。改竄《かいざん》することでかろうじて天皇の絶対性を担保しようとする。この津和野派が神祇官の要職に就くわけですが、その時期が長続きしなかったことはすでに話した通りです。

このあと、教部省の教化機関として設けられた大教院や、それに代わる機関となった神道事務局の祭神に造化三神（アメノミナカヌシ、タカミムスビ、カミムスビ）とアマテラスに加えてオオクニヌシを合祀すべきか否かをめぐって、それを可とする「出雲派」とそれを否とする「伊勢派」の間に祭神論争と呼ばれる大論争が起きる。これが明治天皇の勅裁によって決着するのが一八八一（明治一四）年です。この論争に伊勢派が事実上勝利することで、神道は公式に宗教ではないとする「国家神道」への道が開かれるわけです。

奥泉　なるほど。天皇をめぐるイデオロギーは、支配層のレベルでも、明治初期には不確定な要素が多々あったということですね。

天皇が東京に移るということ

奥泉　少し遡りますが、幕末の状況において、日本が一つの国としてまとまっていくために、天皇というものを利用してやっていこうとの合意が支配的エリート層にあった。しかし、これはいまのイデオロギーの話ともつながりますが、具体的な政治体制となると、構想は単一ではなかった。幕末の時点では孝明天皇が在位していて、維新が実現すれば、彼が新体制のトップになるわけですが、そのもとでどういう政治機構をつくるかについては闘争があった。孝明天皇は暗殺された可能性もあるということですが。

原　昔から毒殺の可能性が言われてきました。

奥泉　これは通説になっているのですか。

原　いえ、そんなことはないです。毒殺説に対しては強い反対論がありまして、あくまでも天然痘で急死したという説が有力なのです。

奥泉　いずれにしても、孝明天皇は大久保利通や岩倉具視らとは違う立場にいたのは間違いない。

原　もちろんです。公武合体派ですから。

奥泉　天皇を中心にしながらも、旧来の幕藩体制を一定程度温存しながら国家を運営していこうという立場。それに対して大久保たちは倒幕を果たして完全に新しいかたちをつくろうとした。公武合体を支持していた孝明天皇がそこでたまたま死ぬ。大久保たちにとっては非常に都合よく、まだ一四歳の明治天皇が登場してくる。前にもこのことは話しましたが、明治天皇は維新政府設計者たちの「玉」となった。

「玉」というのは統治者にとっての手段です。天皇が孝明では自在に扱うことはできない。たとえば皇居を東京に移すなんてことは無理だったはずです。しかし、明治天皇ならばそれが可能だった。先ほどの断絶と連続について言えば、京都から東京に都を移した空間の移動こそ、決定的な断絶だったと思うのですが、いかがでしょう？

原　それはまったくおっしゃるとおりです。すでに話したとおり、すぐに東京と決まったわけではなくて、大久保などは大坂（大阪）遷都を唱えていたわけです。それを東京にもってきたというのはたしかに非常に大きな決断だったと思います。

奥泉　しかしよくやりましたよね。禁裡は千年以上京都にあったわけですからね。

原　江戸城というのはもちろん徳川の居城ですから、根本的に原理が違うわけです。そこに天皇をもってくるという発想はきわめて斬新です。しかし、それに対して内心いちばん違和感をもっていたのは明治天皇自身でしょう。たしかにまだ少年ではありますが、しかし一五、六歳ですから自我意識ができていたと思います。

それまで京都で生まれ育ち、父の孝明天皇からも手ほどきを受けています。孝明天皇みずから和歌を教えて添削までしています。つまり京都でずっと受け継がれてきた文化を継承させようと考えていた。ご存じのように、京都は規則正しい碁盤状の町で、盆地であり、鬼門に当たる北東に比叡山があって東に鴨川が流れている、風水的に選ばれた場所です。南朝が吉野にあった時代もあるにせよ、桓武《かんむ》天皇以来千年以上にわたって、天皇は基本的に京都に住んできたわけです。

だからこそ、都市の境界がはっきりせず、道も曲がりくねっていて規則性がなく、文化的にも粗野なところに無理やり連れてこられたということが、私は明治天皇という人の生涯を考えるうえできわめて重要だという気がしてならない。

奥泉　つまりそのことが明治天皇にとって傷になっていた、と。

原　傷ですよね。ものすごく深い傷です、それは。

奥泉　しかし、明治維新を推進した人たちは傷なんか気にしません。京都においたままでは、「玉」としてはまだまだ不十分、東京に連れ出して本物の「玉」にしてしまおうという感じがすごくします。

原　そうですね。

男性化する「玉」

奥泉　東京に移っただけではなくて、それまでの女官たちもクビにしているんですよね。

原　はい。旧来の典侍以下三六名の女官をクビにしています。

奥泉　それから、宮中行事の仏教的なものはやめる。逆に神道的な宮中行事を新規に導入する。大嘗祭・新嘗祭などは以前から続いていたけれども、それ以外の新しい行事はすべてこのときにつくられたという話は前にしましたが、改めて確認しておきたいところです。

原　そうです。

奥泉　「古い」伝統の新たな創設。それは京都から東京に移る断絶のなかで起こった。

原　重要なご指摘です。しかも、京都から東京に移ってきたことで天皇自身も男性化するわけです。外見的にも、京都にいたときは中性的な恰好をしていた。

奥泉　お歯黒もしていたのですよね。

原　そうです。いわば柔弱な天皇だったわけです。京都から東京に来て江戸城に入るということは、天皇自身も男性化し軍事的なシンボルになるということを意味する。そこも非常に重要なポイントではないでしょうか。

奥泉　たしかに。国家のトップとしての男性的威厳を「玉」に纏わせた。立憲君主である以上は、海外の要人と会う機会も多々ありますから、外国の首長に伍せるだけの、国家の代表たるかたちをつくらなければならない。一方で、何のことだかわかっていない一般大衆に向けては、行幸を行なったわけですね。

原　ええ。すでに話に出たとおり、地方の一般大衆の反応は、いくつかある生き神や生き仏の一つと同じなんですよ。天皇という固有の存在として意識しているのではなくて、東西本願寺の法主が巡教にやってきたときと同じような反応をするわけです。天皇が浸かった風呂の湯だとか馬車で踏みしめた砂利だとか、そういうものが特別な存在になりますから、天皇が去ったあと、みな競い合うようにその湯や砂利を求めて、いわば家宝としてとっておくということをやっている。この人物こそ、新しい日本の支配者だとは考えていない。明治政府の狙いとはずいぶん異なります。

奥泉　しかしそれでは困ると明治政府の人たちは感じたと思うのです。何がまずいかというと、それでは国民というものが創生できない。たとえば、ペリー艦隊が浦賀に来たとき、武士たちが大きな危機感を抱いたのに対して、庶民はのんきに見物していた。象やラクダのように、「黒船を日常生活の退屈を破る珍奇な見せ物として見物に出かけた」というふうに三谷博氏が紹介していますが（『明治維新を考える』、有志舎、二〇〇六年）、これでは困るわけです。ただただ畏れ入るだけでない、国家のためにしっかり戦争をできるような国民の創生が課題になる。

「国民」をどうつくるか

奥泉　では、どうやって国民を創生するのか。大きく二つ方法があって、一つは啓蒙。福沢諭吉などが一生懸命やろうとした路線です。学校がその具体的な場所になる。もう一つは軍隊での訓練。徴兵して軍隊組織のなかで人々を教育して国民を創り上げていく。いずれの路線であっても、天皇がどう位置づけられたかが、天皇制理解のキーになると思うのですが。

原　そうですね。前にも話したように、明治中期になると大日本帝国憲法に「万世一系」が条文化される。その翌年に明治天皇が下した勅語が「教育ニ関スル勅語」、すなわち教育勅語です。相前後して御真影もつくられますが、一般的にはともに天皇を国民レベルのシンボルとして意識させるための戦略だったと言われている。ところが、教育勅語はイデオロギーとして十分機能したかというと、そんなことはないと私は思っています。

それにはいくつか理由があるのですが、教育勅語はイデオロギーというにはあまりにも短い。短くて、簡単に暗唱もできてしまいますし、教典のように考えられるかというとそこまでは言えない。それから学校教育の現場で教育勅語が重視されるのは、全文暗唱を強制されるようになる昭和に入ってからです。昭和初期になれば、たしかに歴代天皇の暗唱と教育勅語の全文暗唱は必須でしたが、当初は暗唱するべきものではなくて、校長先生がうやうやしく読み上げるものでしかなかった。

御真影についても同じようなことがいえる。いきなり全国の学校に行き渡っていたわけではなく、最初は帝国大学というういわばエリート養成機関から始まって、それがしだいに下におりてくる。小学校レベルにまで浸透していくにはかなり時間がかかっているというふうにいわれています。

奥泉　戦前昭和期に至るまでは、上からの民衆への皇国イデオロギーの注入はさほどでもなかったということですね。一方で明治二十年代には行幸もやめていますよね。

原　いわゆる六大巡幸はたしかに一八八五（明治一八）年が最後なのですが、まったく行幸を行なわなくなったかというとそんなことはありません。

一八九〇（明治二三）年という年は、まさに教育勅語が発布されて、帝国議会ができた年ですが、この年に天皇は初めて新橋から神戸まで東海道線を通しで乗るんですね。全通は前年なのですが、この年に愛知県で陸海軍連合の大演習があって、その統監のためまず名古屋まで行く。そして大演習が終わると名古屋から京都に移動します。その後、日本で初めて行なわれた海軍観兵式――観艦式ではありません――のために神戸に行っています。そうすると結果的に東海道線全線に乗ったことになる。馬車主体だった六大巡幸とは違う、鉄道による巡幸が初めて大々的に行なわれたのです。

実際、御召列車のダイヤグラムが現地の新聞で公表されるわけです。スケジュールは分単位の精密なものとなり、地元の有力者や学生生徒などが、予《あらかじ》め所定のホームに集合して整列しており、御召列車が通過するときにはみな一斉に最敬礼をするようなことが、このときに初めて東海道線の沿線全体で行なわれる。奉迎ですね。

もちろんまだ当時は必ずしも列車がダイヤどおりに走れませんので、場所によっては時間どおりに来ないということもありましたが、この一八九〇年以降の行幸は基本的に軍事行幸になりますので、ほぼ演習地にしか行かなくなる。鉄道による行幸が完全に定着し、御召列車のダイヤが公表され、沿線できわめて秩序立った奉迎の風景というのが見られるようになっていく。

もしヒトラーや毛沢東のように、独裁者の意のままに列車を動かすことができたら、ダイヤを作成すること自体ができなくなり、沿線での奉迎もできなくなります。言い換えれば、天皇といえどもダイヤには従っていたわけです。

一九一一（明治四四）年には福岡県の久留米に行っていますが、明治天皇は基本的に軍艦が好きではないので、新橋と久留米の間を鉄道で往復する。陸軍の大演習は毎年秋に違う地方で行なわれますので、東北にも行けば、九州にも行く。そのたびに沿線においてきわめて秩序立った奉迎の儀式が繰り返されていく。最も多く御召列車が走った東海道線では、そうした光景が年中行事化していく。

奥泉　そういう意味では、行幸は、天皇の権威づけのスタイルを時代とともに変えながら、明治時代を通じて行なわれていた、と。

原　明治時代だけではありません。御召列車が走った沿線での奉迎は、一九四〇（昭和一五）年の昭和天皇の伊勢神宮参拝を目的とした行幸までずっと続きます。それが途切れたのは、太平洋戦争開戦一年後の一九四二（昭和一七）年一二月に極秘で伊勢神宮に参拝に行ったときです。空襲の可能性を想定し、ダイヤ自体が公表されませんでした。

明治憲法が孕んでいた矛盾

奥泉　一八八九（明治二二）年に大日本帝国憲法が発布される。そこには天皇の神話的権威づけが書き込まれた。第一条は「大日本帝国ハ万世一系ノ天皇之ヲ統治ス」です。ここにはっきり「万世一系」という言葉が出てくる。そして告文は、皇祖皇宗に捧げるという体裁をとっている。さらに第三条「天皇ハ神聖ニシテ侵スヘカラス」。天皇は神聖な身体をもつ存在として憲法に書き込まれることになった。こういうかたちで憲法が制定されたというのは決定的な意味をもつと思います。

しかし同時に、第四条「天皇ハ国ノ元首ニシテ統治権ヲ総攬シ此ノ憲法ノ条規ニ依リ之ヲ行フ」とした。まだ立憲君主制は成熟していないわけですが、憲法設計上は立憲君主制を目指すかたちをとっている。でありながら天皇の神聖性を入れざるをえなかった。入れないと天皇の権威の根拠が示せないということがあったと思うのですが、いかがでしょう？

原　しかし大正期になると、美濃部《みのべ》達吉《たつきち》が唱えた天皇機関説が通説になる。公務員試験にあたる高等文官試験においては天皇機関説で答えなければならない時期が大正から昭和にかけてはありました。だから、大日本帝国憲法の解釈にも揺れがあった。

奥泉　「天皇ハ神聖ニシテ侵スヘカラス」のほうを重視する人もずっといたわけですよね。

原　穂積八束《ほづみやつか》とか上杉慎吉とか、いわゆる天皇主権説も主張されましたが、学説としては少数派でした。にもかかわらず、一九三五（昭和一〇）年に起こった天皇機関説事件を機に、機関説は否定されます。久野収が言うところの、「顕教」による「密教」征伐です。

奥泉　つまり最初から明治憲法には矛盾が孕まれていたと考えていいのではないかと思うんですが。

原　奥泉さんが言われたように、第一条で天皇を統治の主体として規定しておきながら、第四条では「憲法ノ条規ニ依リ之ヲ行フ」として天皇もまた法に従うものとされている。どちらを重視するかによって説が分かれるわけです。

奥泉　天皇が統治権を総攬する、しかし同時に天皇は神聖であって、無答責——国政上の責任を負わない存在でなければならない。これは無理がありますよね。

原　それも確かにそうですね。統治の大権をもつとされながら国政上の責任を負わないわけですから。

奥泉　それぞれの国務大臣が天皇に助言し補佐する——輔弼《ほひつ》を行なうというかたちになっている。結果、国政全体について誰も責任を負う人間がいなくなって、のちに繰り返しいわれた「無責任体制」（丸山眞男）の一つの根拠は、この明治憲法体制にあったということは改めて指摘しておいてもいいのではないかと思います。

日清・日露戦争に勝ったことの意味

奥泉　矛盾や問題を孕みつつも、一八八九年に明治憲法を発布して、なんとか近代国家の体裁をつくった。そして、決定的な意味をもったのはやはり日清戦争（一八九四～一八九五年）と日露戦争（一九〇四～一九〇五年）だと思います。この二つの戦争をつうじて、国民の創生は進み、ナショナリズムが日本において明確に姿を現した。

原　そこで重要なのが靖国神社です。靖国神社は東京招魂社として一八六九（明治二）年に創建されましたが、それまでは内乱、戊辰戦争とか西南戦争とか、国内の戦争で政府側について死んだ人間だけを英霊にしていた。もちろん西郷隆盛などはそこには入らないわけです。しかし、日清戦争はそこが劇的に変わるわけです。そこで英霊の対象が、まさに国民になる。

奥泉　戦争を契機に「我々日本人」という感覚が広く行き渡るわけですね。

原　そこがやっぱり大きいと思います。日露戦争に勝ったあと、明治天皇が伊勢神宮に参拝しています。あれは日本の勝利を皇祖アマテラスに報告するという、そういう大きな意味があったと思います。

奥泉　それは誰が望んだ、というか主導したのですかね？

原　明治天皇自身はあまり望んでいなかったと、私は思います。明治天皇は日清戦争のとき不本意だと感じていたようです。

奥泉　戦争すること自体に？

原　そうです。日清戦争の開戦に際しては、宮中三殿で行なわれた宣戦奉告祭に出ませんでしたし、伊勢神宮や孝明天皇陵に勅使を遣わすことにも消極的でした。『明治天皇紀』第八の一八九四（明治二七）年八月一一日条には、「今回の戦争は朕素より不本意なり、閣臣等戦争の已むべからざるを奏するに依り、之れを許したるのみ、之れを神宮及び先帝陵に奉告するは朕甚だ苦しむ」という天皇の言葉があります。

「同第十の一九〇四（明治三七）年二月四日条によれば、日露戦争の開戦に際しても「今回の戦は朕が志にあらず、然れども事既に茲に至る、之れを如何ともすべからざるなり」と言っている。日清戦争のときほど強い行動には出ていませんが、どちらの戦争も天皇自身が先頭に立って突入したということではなかった。

奥泉　とはいえ、この戦勝が一般大衆に与えたインパクトはきわめて大きかった。伊勢神宮に戦勝報告に行ったことも含め、神国日本のイメージが、天皇本人がどう考えていたかはともかく、天皇を軸にした情報の打ち出しによってつくられていった。

原　日露戦争に勝ったあとに明治天皇の神格化が強まったのは間違いない。だからこそ、一九一二（明治四五）年七月に突如として天皇が重体に陥ったときの国民の衝撃というのは非常に大きかった。昭和の終わりにあらわれた自粛ムードを先取りするような動きが早くも出てくる。前に話したように、その動きを夏目漱石が批判しています。「天子の病は万臣の同情に価す。然れども万民の営業直接天子の病気に害を与へざる限りは進行して然るべし。当局これに対して干渉がましき事をなすべきにあらず」（七月二〇日付日記）。

奥泉　つまり明治末年の頃には明治天皇の神聖なる権威があまねく浸透していたと理解してよいのでしょうか。

原　そうですね。宮城前に行ってお祈りをする光景まで出てくるわけです。当時一〇歳だった秩父宮は、「お見舞に参内するたびに僕らを驚かせたものは、七月末の炎熱下、二重橋前の砂利の上に坐って、幾百人、否、幾千人であろう人々が、天皇陛下の平癒を祈る姿であった」（「思い出の明治」、『皇族に生まれて――秩父宮随筆集』、渡辺出版、二〇〇五年所収）

と回想しています。

奥泉　広く浸透していたと。支配的エリート層、中間層、一般大衆それぞれで浸透の仕方は違うわけですが。

原　そうですね。

世代による感覚の違い

奥泉　個人的に大きな関心を寄せている点なのですが、明治の元勲たち、創成期の明治政府を主導した伊藤博文らは、明治天皇に対して「玉」の感覚をもっていた。しかし、その後の世代の支配層はどうなんでしょう？　たとえば乃木希典は明治維新のときに二十歳くらいだと思いますが、明治天皇の死を受けて殉死する。もちろん人それぞれの個性があるから一概には言えませんが、やはり明治元勲の次の世代は明治天皇に対してまた違った感覚をもちはじめていたのは間違いないんじゃないでしょうか。

原　間違いないでしょうね。後の世代になればなるほど、天皇が「創られた」という側面を知りませんからね。宮中祭祀と同じで、明治天皇も含めて同時代的に創っていった人たちは醒めた意識をもっているわけです。ところが時代が下ればもうそれは出来上がったものとして映りますので、本当の伝統のように受け取ってしまう。昭和初期に皇太后節子（貞明皇后）が、心から神の存在を信じて祭祀をやらないと神罰が当たると言い出すのも、このことと関係していいます。

奥泉　急速にステロタイプ化する。もちろん人によっていろいろだとは思いますが、次の世代は明治天皇に対する尊崇、敬愛を強く抱いていたのでしょうね。第一世代だって軽蔑はしていなかったと思いますが……

原　御真影ひとつとってみても、あれは実写ではなく、キヨッソーネが天皇の権威をいわば誇張するために絵として描いたものを写したものですよね。

奥泉　そういうことを差配した人はすべてわかっているわけですものね。

原　わかってしまっている。だけど、それをまったく知らない人にとっては、まさにあれこそが明治天皇の本来の姿ということになる。だとすれば、それに対して圧倒されるというか、ものすごいカリスマ性を感じたとしてもおかしくない。

奥泉　そこで日清、日露戦争の勝利があって、日本が列強に伍するかたちで、堅固なナショナリズムを具えた国家として創生されたのが、だいたい明治末年という感じですね。

原　そうですね。

大正天皇という人

奥泉　そうなると、大正天皇はどう考えればよいのでしょうか。明治天皇は一般大衆にいたるまでの敬愛を受けていた。夏目漱石『こころ』の「先生」——彼は中間層に属する人ですが、明治天皇への敬愛が明らかにあって、明治の終わりに殉じるように死んでいく。もちろん敬愛以上の思い入れをもった人たちもいただろうし、信仰に近いものをもつ人だっていたでしょう。明治天皇の権威づけは明治時代を通じて、戦争の勝利という幸運もあって、成功したといってよい。それは大正時代になってどうなってしまうのか。

原　当時の人たち、特に支配層の人たちにとって、突然ともいえる明治天皇の死去はものすごく大きな危機として捉えられたと、私は思います。明治天皇と大正天皇とではあまりにもキャラが違いますからね。

明治が終わったときは第二次西園寺《さいおんじ》公望《きんもち》内閣でしたが、原敬と西園寺が話し合うんですよね。大正天皇が頼りなさすぎるのでどうしたらいいか、と。その際、明治天皇の最も身近にいた昭憲《しょうけん》皇太后に後見人になってもらおうと考えた。しかし、皇太后のところに行ったらきっぱり拒絶されてしまいます。皇太后は、女性は政治に介入すべきではないという明治天皇の遺訓を守りたいのだというわけです。それを聞いた西園寺は感心するんですね。

昭和初期に最後の元老だった西園寺は、皇太后になった貞明皇后がまったく逆なので悩まされることになりますが、それはさておき、少なくともそのときは原も西園寺も、はたしてこの天皇は大丈夫なのかとものすごく心配したわけです。

実際に大正天皇は、明治天皇とは違うスタイルを築こうとした。たとえば、天皇になって最初の陸軍特別大演習を一九一二（大正元）年一一月に川越でやるのですが、新宿から御召列車に乗っています。列車は国分寺まで中央本線を走り、国分寺からそのまま川越鉄道、つまり現在の西武国分寺線と、私たちになじみのある西武新宿線に入って終点の川越（現・本川越）まで行く。そのときに大正天皇は自分に道を決めさせろとか言うわけです。基本的に明治天皇はそういうことは一切発言しませんでしたが、大正天皇は思ったことを言ってしまう。

奥泉　そういう意味では、明治天皇という人は、本当に「玉」としての役割を、ここまでやるかというくらいちゃんとやったということですね。

原　表向きはそうなのですが、じつは、明治天皇という人はものすごい二重人格だったというふうに私は思っています。天皇が詠んだ和歌は九万首を超えると言われていますが、年別で見ると、一番多く詠んだ年は日露戦争が起こった一九〇四（明治三七）年で、この年だけで七五〇〇首以上詠んでいる。一日平均二〇首以上詠んでいたことになります。天皇は戦争のストレスを、「奥」で和歌を詠むことで発散していたのではないか。そういう意味では非常に裏表のある人だったのではないでしょうか。

奥泉　でも裏と表があるほうがいいじゃないですか、政治的には。

原　そう。そこは非常に上手に振る舞っているのですが、大正天皇にはそういう意味での裏表がないのです。

奥泉　大正天皇のほうが自然というか、当たり前の人なんですね。

原　思ったことを何でもかんでもすぐ言ってしまう。とにかくおしゃべり好き。京都郊外の伏見桃山に明治天皇陵ができて最初の参拝に行くときも、基本的に御料車は天皇一人しか乗ってはいけないのですが、前にも触れたとおり、内務大臣の原敬なんかを呼んでずっとしゃべっている。そういうキャラですよ。

それから、明治天皇は写真を撮られるということを極端に嫌ったので、数枚しか残っていない。ところが大正天皇は自身もカメラ好き、写真好き。だから自分が撮られることに対してもまったく無頓着。大阪朝日新聞のカメラマンが伏見桃山陵に入る天皇と皇后の姿を隠し撮りして新聞に掲載されたときも、「御写真の事に付恐懼《きょうく》に堪へず将来を戒むるべき旨」奏上した原敬に対して、「是れには内務大臣も困るならん」などと言いながら一笑に付しています（『原敬日記』5、乾元社、一九五一年）。
奥泉　困りますよね。それだとちゃんとした「玉」にはなれない。
原　おっしゃるとおりです。だからそれに対して一番心配したのは山県有朋なんです。山縣はまさに幕末の長州のときから……
奥泉　「玉」を扱うプロ中のプロ。
原　そうです。ずっと一貫して明治天皇だって玉扱いしてきた。この人がとにかくこれではだめだというので、大正天皇にガミガミ言うわけでしょう。
　いま思い出したのですが、三島由紀夫の『春の雪』（『豊饒の海』第一巻）のなかにちょっと不思議な場面がある。洞院宮治典王《とういんのみやはるのりおう》が少尉のころ、宮中に参内したとき、拝謁を終えたばかりの山縣にばったり出くわすのを思い出す場面です。このとき山縣は、「つと不機嫌に顔をそむけて、答礼もせずに、そのまま傲岸《ごうがん》な外套の肩を聳《そび》やかして、廊下を立去」ったという。山縣が拝謁したのは大正天皇ではなく明治天皇でしょうが、不機嫌だったのは皇太子嘉仁（後の大正天皇）の実情を説明するためだったのではないか。
奥泉　そうですか、全然覚えてないな。

原　『春の雪』の登場人物、綾倉聡子《あやくらさとこ》が奈良の月修寺に押し込められてしまいますね。三島は月修寺のモデルとなった圓照寺《えんしょうじ》まで取材に行っているのですが、あの寺は皇室とすごく関係がある。三笠宮は実は双子なのだが、双子はよろしくないということで圓照寺に押し込められたという説があるのです。二〇〇五（平成一七）年に赤坂御用地内の三笠宮邸で会ったときには、三笠宮自身はこの説を強く否定していました。

ただ『高松宮日記』第三巻（中央公論社、一九九五年）の一九四〇（昭和一五）年一一月一九日条には、「一五三〇円照寺着。お墓に参つて、お寺でやすこ、山本静山と名をかへてゐた。二十五になつて大人になつた」とある。一九四〇年に二五歳だったということは、三笠宮と同じ一九一五（大正四）年に生まれたことになる。この「やすこ」こそ、押し込められた大正天皇の隠し子なのではないか。高松宮はそれを知っていたからこそ、わざわざ圓照寺を訪れたのではないか。三島は圓照寺での取材をつうじて皇室関連の話を知り、小説に取り入れたのではないかという気がしています。

奥泉　興味深いですね。

原　三島由紀夫の察知力はすごいなと、改めて思ったしだいです。

封じ込められる「大正流」

奥泉　大正天皇が頼りないと支配的エリート層は思っている。一方で政治の領域では天皇機関説が主流になる。明治憲法は矛盾を孕んでいると言いましたが、その矛盾を孕んだ明治憲法のリーズナブルな落としどころが天皇機関説ということになりますね。

原　そうです。

奥泉　天皇機関説を採れば、大正天皇が少々頼りなくても大丈夫である、一機関に過ぎないのだから、と。天皇の意思が絶対ではないということにしておけば安全だし、そういう意味では、大正期にはこの時代に見合ったシステムが構築されていったと言えるのではないでしょうか。

原　そうですね。『大正天皇』にも書きましたが、大正天皇は自身の意向（「優諚《ゆうじょう》」といいます）を露骨に出してしまうところがあってけっこう問題になった。侍従長だった桂太郎はそれをうまく利用し、三度目の首相に就いて勅令や勅語を次々に下させて、対立する政友会などの勢力を抑えようとします。その強引な手法が反発を呼び、第一次憲政擁護運動が高まり、桂内閣が倒れる大正政変にまで至るのです。

奥泉　天皇には政治に関与しないでいてもらいたい。

原　余計なことを言ってもらっては困る、となる。

奥泉　いってみれば、明治建国以来、近代国家日本をリードしてきた「玉」派の人たちの一つの結論ですよね。一方で天皇の権威は一般大衆において広く認められて、天皇制はだめだという人はほぼいない。もちろん一部には強く反天皇を訴える人たちが中間層のなかから出てくるのですが、総じていえば、天皇が広く支持されているなかで、明治憲法の解釈がなされ、天皇機関説というかたちで、立憲君主制の線に沿ったシステムの一定の完成を見た。それがいわゆる「憲政の常道」の時期ですよね、短いわけですが。

原　そうですね。ただ、大正天皇には大正天皇なりの考えがあって、私はそれを「大正流」と呼んでいます。では「大正流」とはどういうスタイルだったか。

明治天皇は私的な理由でほとんど休まなかった。御用邸を一度も利用しなかった。それに対して大正天皇は皇太子時代から葉山と日光が大好きだから、夏と冬は必ず行っていた。しかも皇太子妃節子つまり貞明皇后と二人で行く。これを天皇になっても続けます。天皇なのに夏とか冬は長期間東京にいなくて、葉山でヨットに乗ったり日光で馬に乗ったりしている。そしてその様子を漢詩に詠んでいる。

このスタイルが定着していれば、天皇が一カ月も二カ月も東京にいないのが当たり前になり、体調を崩すこともなかったかもしれない。ところが時代がそれを許さなかったという面もある。たとえば、一九一四（大正三）年に第一次世界大戦が起こると、日本も参戦するため日光から呼び戻されて御前会議に出ざるをえなくなる。一九一八（大正七）年に米騒動があったときにも日光にいたけれども呼び戻されています。

自身の意に反するかたちで明治天皇と同じようなスタイルをとらざるをえなくなる。行幸の際、自分で道順を決めさせろとか言っても、そんなことが許されるはずもなく、陸軍特別大演習では明治天皇と同じような行幸のスタイルをとらされる。あるいは一九一五（大正四）年一一月の京都での大礼、すなわち即位の礼と大嘗祭。これも日程を短くしろとか簡素にやれとかさんざん言っているのですが、無視されています。貴族院書記官長として出席した柳田国男が批判するほど大規模な儀礼になるわけですが、そういうことを嫌々ながらやるわけです。

奥泉　だから病気になってしまう。

原　それが大きいと思います。

奥泉　当時の指導層としては、大正天皇には政治への実質的な関与をしてもらっては困るが、大衆向けには明治天皇と同じような権威を維持してもらって、国民からの支持を得させたい。明治末頃から議会が力をつけてきて、それなしに日本の政治は進まない時代になっていた。官僚だけではもはや国家運営は進められない。つまり国民というものが育ってきた。

育てようとしたのだから当然なのですが、国民を代表する政治機関としての議会が力をつけ、議会政治が浸透していく。議会や政党に左右されないいわゆる「超然内閣」と議会が対峙する時代はありますが、それを含めて、議会と官僚組織が対立あるいは協調しながら国家運営をしていく。その上に天皇があって、大衆に広く権威を示しつつ、中間層やエリート層も天皇に敬愛の念を寄せる。

これは近代日本の立憲君主制の一種の理想ですよね。明治末から大正期にそういうものがあったというイメージ、実際にどうだったかわからない面はありますが、戦後昭和期にそれはすごく強調されたと思います。一番うまくいっていたときの日本のイメージですね。

ただ、繰り返しになりますが、大日本帝国憲法には欠陥があって、たとえば内閣の規定がない。首相の権限が弱く、大臣が個別に天皇に上奏したりしてものごとを決めていくので、どこに責任の所在があるのかわからない。大正時代までは元勲がいたから、一種の合議制の下、公的な制度の外側で調整を行なってうまく運営できていたにすぎないとも言いうるわけですが、それはともかく、明治末に完成して「理想の明治」として戦後昭和にイメージされたこのシステムは、大正時代にも持ち越された。
その場合、一般大衆向けに神格化された天皇像がこのシステムの下支えになるわけですが、大正天皇はこれに抵抗しようとした。しかし封じ込められてしまう。

君主制の危機と新しいイメージ戦略

原　そこには生身の天皇がいるわけですよ。耐えきれずに体調を崩してしまう。体調を崩していったときに周囲は大正天皇を見放し、皇太子裕仁を前倒しして事実上の天皇にしようとする。原も山縣も合意するんですね、対外的にも第一次世界大戦があって、ロシア革命やドイツ革命があって、君主制が次々に崩壊してゆく。とくにロシア革命は、国内に波及してくるかもしれないという環境下でした。
奥泉　君主制の危機の時代ですものね。
原　革命が波及してくるかもしれないという支配層の危機感は、きわめて深刻でした。皇太子を訪欧させたのも、第一次大戦と革命の危機を見事に乗り越えた英国の王室に学ぶべきものがあるという判断がありました。

奥泉　というわけで、皇太子裕仁が摂政になる。

原　それが一九二一（大正一〇）年一一月二五日ですね。

奥泉　そういう意味では、のちの昭和天皇裕仁には明治天皇と同じような振る舞いが期待されていたと見ていいんでしょうね。

原　危機に陥った体制の立て直しを図るために、新しいシンボルをもってくる。一九二一年の転換は非常に大きいと思うのですが、ここでむしろまた新しい見せ方をするわけです。大正天皇はなるべく実像を見せないようにしていた。しかし、ここで活動写真も解禁して大々的に見せる方向に行きます。皇太子裕仁は大正末期までに全道府県を回りますが、新しい奉迎のスタイルが生まれていく。万単位の人たちを広場や練兵場などに集めて、その前に姿を現わして、一斉に万歳をするとか、君が代や奉迎歌を斉唱するとか、分列行進するとか、それまでまったくなかった新しいスタイルが導入されてきます。

奥泉　しかしそこにはやっぱり矛盾がありますよね。一方で天皇はそのような大衆の支持、崇拝を集めなくてはいけないが、実際の政治の現場では機関説的天皇でいなくてはならない。実質的な権限がなく、自分の政治的主張はできない。そうでなければ無答責でいられなくなってしまう。絶対的な権威と相対的な機能。その矛盾した側面をもっている。しだいに天皇崇拝の方が優勢になっていくわけですが。

原　この大きな戦略転換が、その後の、昭和初期におけるテロ、クーデター未遂や機関説の否定を準備しているのです。

奥泉　たしかに。

原　この戦略の効果が徐々に浸透していく。

奥泉　メディアを駆使し、大規模な奉迎の場で、万歳や君が代などを使った新しいイメージ戦略が、天皇——このときは摂政ですが——の権威を高めていく。その結果、昭和天皇の権威は高くなりすぎてしまう。

原　「君民一体」を阻害する政党、財閥、官僚などを「君側の奸」として排除しようとする超国家主義が発生するのは、まさに皇太子裕仁が欧州から帰国した一九二一（大正一〇）年九月。朝日平吾が安田財閥の安田善次郎を刺殺した事件がそれです。続けて原敬が東京駅で暗殺される事件も起こる。昭和初期の血盟団事件や五・一五事件の萌芽がすでに一九二一年に出ている。これは久野収が指摘していることですけれども。

天皇崇拝が止まらない

奥泉　原敬暗殺の直後に、裕仁が摂政になって、このあたりから久野収がいう「顕教」と「密教」の乖離《かいり》がくっきりしてくる。宗教的ともいうべき天皇崇拝と天皇機関説の乖離。現人神・天皇と立憲君主・天皇の乖離です。昭和天皇自身は機関説的な思想をもっているんだけれども、中間層――政治権力に参与していない知識層の多くが強烈なアンチ機関説になって、天皇崇拝のほうに一気に流れていくのがだいたい一九三〇年代あたま頃でしょうか。その端的な画期をなす出来事が一九三五（昭和一〇）年の天皇機関説事件です。

原　天皇機関説が不敬にあたるとして、この説を主唱していた美濃部達吉らが糾弾されますが、昭和天皇自身は「機関説でよいではないか」と言っていた。『昭和天皇拝謁記』を読んでいても気づくのですが、昭和天皇は抽象的な概念よりも具体的な体験のほうを重視する傾向がありました。地方を回るたびに「君民一体」の「国体」が視覚化される体験を味わってきた天皇からすれば、機関説だろうが主権説だろうが、「国体」が確立されていること自体に変わりはない。この感覚は、憲法が改正された戦後もなお続いたと思います。

奥泉　政治運営を行なう支配的エリート層は機関説でいきたいのに対して、天皇崇拝に燃え上がる中間層、大衆層はもはや違う。軍部や野党が政敵を倒すためにその力を利用したわけですが、人々のエネルギーに支配層はついに抗することができない。政府は「国体明徴声明」を出して、天皇機関説を否定して、天皇主権を明言することになります。ここから天皇教への流れは一気に加速する。

原　一九二八（昭和三）年一一月に昭和大礼が京都で行なわれました。その後、宮城前広場で東京、神奈川、千葉、埼玉、山梨の学校生徒や青年団員、在郷軍人などが一〇万人以上動員されて親閲式をやるんですよ。『完本　皇居前広場』で引用したのですが、これについては神奈川県の県立図書館に面白い資料がありまして、参加した生徒と引率した先生の作文が掲載されているのです。それを見ると、もちろん生徒もすごく感激しているんだけれども、引率している先生が、まさに中間層の感激ぶりがものすごい。

たとえば、「さながら我が君民一体の精華を眼前に展開せられたるものにして、聖徳の愈々《いよいよ》高きを仰ぐと共に、思想国難を叫ばる丶折柄、これは又帝国の隆昌を中外に示す近来の一大快事、陪観者一同均しく歓喜に堪えざるところなりき」「嗚呼《ああ》若き日本、健在なり、無窮の宝祚《ほうそ》、無比の国体、今日の当り拝す。何ぞ夫《そ》れ盛《さかん》なる」（『神奈川県教育』第二五三号、神奈川県教育会、一九二九年）といった具合です。

奥泉　無茶苦茶に感激している（笑）。

原　こういう体験が一つあるだけで変わってしまうんですね。

奥泉　だから中間層の人たちが果たした役割は非常に大きくて、言葉をもつ彼らが、久野収がいうところの「顕教」のほうに一気に流れて、言説をリードし、大衆を動かした結果、支配的なエリート層である「密教」派（機関説側）はもはやそれに抵抗できない。こうしたことが一九三〇年代に起こった。天皇は神である、日本が神国であるというイデオロギーが一挙に前面に迫り出してくる。

原　大正天皇が、もしも病気にならないまま在位し続け、山縣をはじめとする明治の元勲たちもみないなくなって「大正流」が定着していたら、全然違っていたと思います。絶対にこうはならない。

奥泉　ヨーロッパの王室みたいなムードですかね。

原　そうです。神格化なんて絶対なかった。天皇はその辺を普通に歩いていて、気軽に通行人に声をかける。坂口安吾が敗戦のあと、「天皇陛下にさゝぐる言葉」と題する評論で思い描いたような天皇です。国民のライフスタイルも天皇をまねて、夏や冬は長く休みをとる習慣が定着していたかもしれません。

奥泉　しかし昭和天皇はここから一気に、対外危機もあって、神格化していく。総力戦に向けて、武器を持って戦える国民を確実に育てなければいけない、戦争で命を落としてくれる人たちを大量につくらなければならないという、軍部を中心にした人たちの意向に沿うかたちで、神である天皇絶対のイデオロギーが増強されていく。天皇自身もこれに沿った振る舞いをしていくことになる。

「政治」が消えてしまう

原　明治天皇と大正天皇はともに側室から生まれ、唯一生き残った男子でしょう。弟がいない。だから兄弟間の確執もなかった。これに対して昭和天皇は貞明皇后の実子で、下に弟が三人いたんですよ。特に秩父宮、高松宮は年齢が近い。一つ下と四つ下ですから。秩父宮は陸軍にいき、高松宮は海軍にいって、特に秩父宮は陸軍での人気が高くなる。下手すると本当に皇位を狙われるかもしれない。まさに二・二六事件でそういうことがあった。そうすると、否が応でも天皇はより強いカリスマ性を示す必要に迫られることになった。これが神格化につながる面もあったと思います。

奥泉　そういう兄弟物語の要素があったと。

原　それは大きかったと思いますよ。

奥泉　かりに天皇が男子一人だったらそこまで無理する必要はなかった?

原　そこまでやる必要がない。

奥泉　しかし実際は、中間層が望む天皇のイメージを自分が示さないことには、その地位から引きずり下ろされかねないという危機感があったというわけですね。

原　はい。それはものすごい緊張を孕んでいたと思います。

奥泉　心ならずもかもしれませんが、昭和天皇はそのように演じないわけにはいかなかった。

原　そうですね。しかも母親が自分と同じ六月二五日に生まれた次男・秩父宮を可愛がっているという、また別の事情もある。

奥泉　なるほど。そういう背景のなかで一九三六(昭和一一)年に二・二六事件が起こる。二・二六事件についてはいろいろ書かれていますが、総じて言えば、蹶起《けっき》した青年将校らは天皇親政を望んでいた。天皇親政への志向は明治初期にあったわけですよね。

原　ええ、ありました。

奥泉　しかしそれは当然ながら実現しなかった。あくまで天皇は「玉」であった。しかしここへきて天皇親政のイメージが中間層から改めて出てきた。

原　一九二三（大正一二）年九月の関東大震災まで、宮城前広場は「無用の長物」といわれていたくらいでしたが、二四年一月の皇太子裕仁と久邇宮良子の成婚奉祝会がこの広場で開かれている。これ以降、広場が政治空間として活用されるようになるのです。先ほどの一九二八（昭和三）年一二月の親閲式もそうですし、その後の紀元二六〇〇年式典（一九四〇年）とか一九四二（昭和一七）年二月の第一次戦勝祝賀式とか、しばしば使われる。

そうすると天皇と臣民が一体になる空間として宮城前広場が大々的に報道される。ニュース映像なども残っています。儀式の場として常態化すれば、これこそまさに「国体」なのだという考え方も出てきます。

二・二六事件の関係者として連座することになる大蔵栄一という青年将校がこう書いています。「天皇を雲の上にまつり上げて、雲の下では勝手なまねをしている現状が今日の日本である。これが妖雲だ。（……）「妖雲を払い除いた暁は、天皇の二重橋の前にお出でいただいて、国民といっしょに天皇を胴上げしようではないか」この気持ちは、私ら青年将校間の全部の、偽らざる気持ちであった」（『二・二六事件への挽歌』、読売新聞社、一九七一年）。これが彼らの理想なんですよね。

奥泉　そこでは政治というものがもはや消えている。利害対立とその調整はなくなっていて、君民一体、天皇を中心にした一種の宗教共同体が志向される。

原　それを阻害している「君側の奸」を排除してこそ、真の「君民一体」、真の「国体」が顕現される。

奥泉　天皇と民衆が一体となる。二・二六事件を見ると、不思議なくらいナイーブに青年将校たちはこの宗教共同体を内在化していますよね。天皇は「玉」であるという感覚を残している青年将校も少数はいますが、多くは完全にこのイデオロギーに呑み込まれていきます。聖なる身体をもつ天皇を中心とした純一なる日本人共同体、それが日本という国なのだという強烈なイメージが立ち上がり、戦争期に突入していく。これが非常に悲惨な結果を生んだ。

原　そういうことになりますね。

奥泉　日中戦争が一九三七（昭和一二）年から始まり、四一（昭和一六）年に太平洋戦争に突入していく。その段階ではもう超国家主義的体制の中に全国民が呑み込まれている。もちろん違うことを考えていた人たちはいたのですが、もはや押し止められぬまま破局へと突き進んでいくことになったわけです。

とにかく神器を失ってはならぬ

奥泉　昭和天皇は天皇親政には与《くみ》せず、立憲君主制の枠内にあるべきだと考えていたと思いますが、それでも天皇自身が直接に政治的な発言や行動をするケースはあった。有名なのは二・二六事件のときの、「朕ガ股肱《ここう》ノ老臣ヲ殺戮《さつりく》ス、此ノ如キ兇暴ノ将校等、其精神ニ於テモ何ノ恕《ゆる》スベキモノアリヤ」（『本庄日記』、原書房、一九八九年）です。自分が近衛軍を指揮して「叛乱軍」を討伐するとまで言った。ほかにもたくさんあるんですよね？

原　たくさんとまでは言えないですが、もちろんあります。二・二六事件のときに即時鎮圧だと言うのは、もう少し深読みをすれば、秩父宮が上京したということが大きいんですよ。

奥泉　なるほど。

原　事件の報を受けた秩父宮が事件当日の深夜に弘前を発ち、翌日の午後に上京してきたので、ものすごく天皇は焦ったと思います。

奥泉　弟からクーデターを起こされてしまう、と。

原　ええ。青年将校の中に安藤輝三がいます。前に話したように東京の歩兵第三連隊に属し、かつて同じ連隊に属した秩父宮と非常に親しかった人物ですから、その安藤が呼んで秩父宮が上京してきたと天皇が考えていたら、これはただ事ではないと思いますよね。

奥泉　これはたいへんなことが起こった、と。しかし昭和天皇は基本的には機関説的な天皇であるということを自分に課していた。これは正しいんですよね？

原　もちろんです。

奥泉　立憲君主制としての自分の立場を非常に強く意識していたけれど、やはり自分の地位が危ないというときには黙ってはいられないということなんですね。

原　あのときはぐずぐずしていたら自分の代わりに秩父宮が天皇になるかもしれないという危機感ですよね。前章で、保阪正康さんの御所訪問記の話をしたと思いますが、二・二六事件の件についてはそのときの心境について昭和天皇が現上皇に直接語った可能性もあると思います。だからこそ現上皇は、保阪さんの言葉に対して疑問符を示したのではないでしょうか。

奥泉　それから天皇が直接に政治に関与したという意味では、ポツダム宣言を受けての「ご聖断」はやはり見逃せません。いってみれば、ここで天皇親政は瞬間的に実現したという言い方もできますよね。

原　ただし、『木戸幸一日記』にも『昭和天皇独白録』にも出てくるのですが、天皇の最優先事項は三種の神器の確保です。「敵が伊勢湾附近に上陸すれば、伊勢熱田両神宮は直ちに敵の制圧下に入り、神器の移動の余裕はなく、その確保の見込が立たない、これでは国体護持は難しい。故にこの際、私の一身は犠牲にしても講和をせねばならぬと思った」（『昭和天皇独白録』）。そうするとこの聖断で天皇自身が一番重視したのは、国民の生命の確保ではなくて、皇祖アマテラスから代々受け継がれてきた神器の確保だったと推測できる。これをとにかく失ってはいけないのだ、と。

奥泉　昭和天皇は万世一系の血筋ということを強く意識していたのですね。

原　系統的には現天皇までずっと北朝なのに、南朝が正統とされている。何をもって正統性を確保するかというと神器なのです。宮内大臣の湯浅倉平《ゆあさくらへい》も、「皇統は三種の神器を受け嗣がれたる処を正しとす、即ち北朝の天子が南朝の天子より神器を引嗣かれたる後は、其方を正統とせざるべからず」（前掲『本庄日記』）と言っている。神器が失われてしまったらもはや天皇ではなくなってしまう。

奥泉　そういう背景もあって、ポツダム宣言の受諾は行なわれた。

大衆の熱狂はどこへ行ったのか

奥泉　さて、占領期に入っていくわけですが、ここで私には大きな疑問があるのです。敗戦して、日本は驚くほどすんなりと占領を受け入れる。本当に「無条件」降伏だったかどうかは議論のあるところでしょうが、実質的には無条件降伏以上の無条件降伏みたいなかたちでの敗戦の受け入れを、日本人は精神的にしたといえると思います。戦時中は現人神天皇に対する熱狂的な信仰、心の底からそうであったかはさておき、少なくとも表向きはそうした姿勢を示して、あれほど熱狂していた大衆はいったいどこへいったのでしょうか。戦後になるとすっと消えていったようにも感じるのですが。

原　そうですかね……。

奥泉　消えてはいない？

原　私はむしろ逆だと思っています。天皇への熱狂が消えていないからこそ、逆にGHQは恐れたんですよ。

敗戦直後の一九四五（昭和二〇）年一一月、天皇は伊勢神宮に敗戦の報告に行きます。そのときのことを木戸幸一はこう記しています。「沿道の奉迎者の奉迎振りは、何等の指示を今回はなさゞりしに不拘《かかわらず》、敬礼の態度等は自然の内に慎《つつしみ》あり、如何にも日本人の真の姿を見たるが如き心地して、大《おお》いに意を強ふしたり」（『木戸幸一日記』下、東京大学出版会、一九六六年）。戦争に負けたわけだから、天皇に対する国民の態度は大きく変わるだろうと思っていたら、まったく変わっていない。強制したわけではないのにみんなが最敬礼をしてくれる。それでものすごく安心するわけです。

こうした光景が全国各地で大々的に見られたのが、一九四六年二月から始まった戦後巡幸です。もちろんマッカーサーが認めたわけですが、たぶんGHQは高《たか》を括っていたと思いますよ。戦争に負けたわけだし、そういう意味ではカリスマ性も失われているわけだから、たとえ天皇が全国を回ったところで大した反応はないだろう、と。ところが蓋を開けてみればまったく逆で、とにかくあちこちで盛んに歓迎され、場所によっては揉みくちゃになるくらいみんなが天皇のところに近寄ってくる。御召列車が走れば列車に向かって最敬礼する。

マーク・ゲインというアメリカのジャーナリストが『ニッポン日記』（ちくま学芸文庫、一九九八年）に書いていますが、天皇が四六年三月に群馬県を訪れたとき、原宿から高崎まで御召列車が運行されました。車両がぴかぴかに磨き上げられていて、それを見た大衆が反射的に最敬礼をしているというので度肝を抜かれるわけです。「どの駅でも駅員の全部が硬直した気をつけの姿勢をとっていたし、踏切りには黒山の群衆――旗を手にした村民、子供、女たちが遮断機に固く身を押しつけていた。畑の百姓は顔をあげて列車をながめ、たちまち腰低く最敬礼するのだった」。

これではまるで戦勝国のようではないか。マッカーサーが予期していたような光景とはまったく裏腹で、あまりにもすごいので一九四八（昭和二三）年にいったん中止されているわけです。あまりの歓迎ぶりを見て恐れをなしたことでしょう。これをずっと続けていたらやばいぞ、と。

奥泉　なるほど。その熱狂の正体がなんであるかについては考察が必要だとは思いますが、いずれにしても、占領地の状況を見たマッカーサーは、天皇を「玉」として使う方がいいと考えたのは間違いない。彼は当時大統領を目指していて、日本の占領政策でポイントを上げたいと目論んでいたわけですが、日本の占領統治には天皇を利用するのがよいと判断した。そのために国民と天皇は侵略戦争についてイノセントだったのだという一種の神話を創り出します。軍部に責任を全部押しつけて、そこから戦後をスタートさせていった。

戦後の時間が進むなか、原さんがさっきおっしゃった国民の天皇への熱狂というものは、ずっとは続かないですよね？

原 たしかに一九四六年から四七年にかけてほどの熱狂はしだいに収まっていきますが、潜在的にはずっと続いていると私は思います。明治初期に政府はイデオロギーをつくろうとして失敗したという話をしましたね、もしもあそこで逆に天皇制イデオロギーが完全に確立されていたとするならば、イタリアのファシズムやドイツのナチズムのように、戦争に負けたところでそのイデオロギーも崩壊したと思うんですよ。それが崩壊することによって、戦後は全然違ったかたちになったはずです。

しかし、日本の場合はそうではなかった。とりわけ昭和天皇が摂政になって以降、天皇が各地を訪れるたびに「君民一体」の空間がつくられ、「国体」が視覚化された。宮城前広場もまたそうした空間として活用された。たとえ空襲で焦土となっても、練兵場や駅前広場のような空き地は残ります。だからイデオロギーがなくても、天皇が再び空き地に現れれば戦前と同じ光景が再現される。

この点で象徴的なのは、一九四七（昭和二二）年に天皇が広島の旧西練兵場に現れたときです。原爆投下によって壊滅した広島県産業奨励館、いわゆる原爆ドームをバックに、帽子を振る天皇に向かって万単位の市民が万歳している。GHQにとっては想像を絶する光景だったと思います。

奥泉　そういう意味でいうと、戦時中も天皇制はイデオロギーとしては浸透せず、一般大衆は天皇のイデオロギー的権威を内在化はしていなかったと言えますね。

原　ええ、していないと思います。

最大の疑問

奥泉　天皇崇拝、天皇信仰という言い方をしてきましたが、おそらく一部の中間層の人たちはかなり強くそれを内在化していたでしょう。たとえば二・二六事件の青年将校たちがそうだと思いますが、一方で一般大衆はほとんど内在化はしていなかった。逆にだからこそ、敗戦後も同じような熱狂のかたちをとることができたということですね。

原　そういうことです。

奥泉　やはり加藤周一が指摘したように、天皇にも臣民にも役が用意されていてその役を見事に演じていたということなのかな。実のところ中身は空虚だった、実体のない対象への忠誠こそがその本質だった。そう考えると、いろいろと腑に落ちる。一種の無名の権力機構、それが天皇制だった、と。

原　仮に内在化していたら、『砕かれた神』を書いた元軍人の渡辺清のように、いわゆる人間宣言をした天皇に対する激しい反発が生じたり、天皇賜杯を何度も授与された元横綱の双葉山のように、人間宣言によって精神的空白が生じ、アマテラスの神示を伝える「璽《じ》光尊《こうそん》」と呼ばれる女性を代わりに崇拝したりするはずなのです。

奥泉　たしかにそうですね。渡辺清のように「言葉をもっている」中間層の一部は、戦争を境に、天皇崇拝から反転して、反天皇制に傾いた。私が物心ついた一九六〇年代、「言葉をもっている」人たちのあいだでは天皇制に反対するモードが基本だった気がします。戦前戦中に天皇崇拝の側にいた人たちこそがアンチ天皇になったのだと考えられる。

原　いま思い出しましたが、田辺聖子さんの『私の大阪八景』（一九六五年）は、天皇が大阪にやってきたとき、みんなが万歳している中に死者の声を聞くという結末になっています。

「バンザイの声の波のずうっと遠いところで、何だか別の声がひびいてくるような気がする。（……）（陛下、おいてけぼりにしないで下さい）／と、ソフトを振っていられる、思ったよりずっとおやさしい陛下の平服姿や、にこやかなおん笑顔にいっている。狂気のようなバンザイの歓呼のかげで、かすかに、かすかに呼んでいる。／（陛下、陛下、ヘイカ、ヘイカ、待って下さい）」（角川文庫版より）。このような死者の声に匹敵する距離の取り方が中間層の中にはたしかにあった。

奥泉　そうですね。逆にいうと、「言葉をもたない」人々にとっては、一貫して天皇は空虚だった。最初からそれを内在化していなかった一般大衆は、実は戦争を挟んだ前後で変化がないと言えますね。

原　そう。そこが本当に不思議でしかたない。天皇制の研究をやっていて最大の疑問はそこですよ。

奥泉　たしかに。

原　あそこまで徹底的にやられて、全国を焦土にされて親や兄弟、身内を失っているわけだけれども、そこまでひどい体験をしておきながら、なぜ天皇が現れた途端、みんな万歳するのか。本当に不思議ですよ。

奥泉　大澤真幸さんが「アイロニカルな没入」という言い方をされています（『むずかしい天皇制』、共著、晶文社、二〇二一年）。ある対象について、心から信じているわけではなく、距離をとって相対化しているつもりでいるけれど、本気で信じているかのようなかたちを示すことで、結局もっとも没入することになってしまう。天皇制ということを考えるときに一番の中心になる問題だと思います。

新憲法下での昭和天皇

奥泉　とにもかくにも退位はなかった。敗戦からまもない九月に、有名なツーショット写真が新聞に掲載されますが、マッカーサーと面談したり、翌年の元旦にいわゆる「人間宣言」を出したりして、同じ年の一一月には日本国憲法で「象徴」という位置づけを与えられる。いまだに議論になり続けているかたちではあるけれど、とにかく天皇制は残った。ポツダム宣言を受け入れるかどうかの議論をした支配層の人たちの最大の関心事は、国体の護持だったわけですが、結局、国体は護持されたと言っていいんでしょうね。

原　天皇自身はそれこそ終戦の詔書の中で、「朕ハ茲ニ国体ヲ護持シ得テ」とはっきり言っていますね。続けて、「忠良ナル爾臣民ノ赤誠ニ信倚シ常ニ爾臣民ト共ニ在リ」というふうに言っています。

この詔書自体は天皇自身が書いたものではないですが、おそらく昭和天皇自身には一つの読みがあった。一九二一（大正一〇）年に摂政になってから営々と全国で築き上げてきた「君民一体」の「国体」というものはこんなことで簡単に崩れはしないのだ、そういう読みです。戦後巡幸というのはそれを確認する作業だったように思うのです。確認して、やっぱり「国体」はここにある、憲法は変わっても崩れていないじゃないかと、ものすごく自信を深めたと、私は考えています。

奥泉　もう一つ、天皇はここで、自分のイメージチェンジを図りますよね。大元帥から平和の象徴というイメージへの転換。

原　戦前の行幸でも「微行」、つまり観光名所を訪れたり生物の採集をしたりする非公式の場合は軍服から背広服に着替えていますので、全くなかったわけではありませんが、戦後は完全に背広姿になりますし、訪問場所から軍事施設や演習地がなくなります。代わりに社会事業施設への訪問が非常に増える。その場合、多くは香淳皇后が同伴している。

奥泉　あと田植えを始めるでしょう。

原　あれは戦後ではなくて、昭和初期からですね。明治天皇や大正天皇はやっていませんから「創られた伝統」ではあります。

奥泉　かつて柳田国男が稲作の司祭としての天皇イメージを打ち出しましたが、とりわけ戦後の天皇のイメージはこれと親和性がある。さらにその延長上で、単一民族の小さな平和国家の首長のイメージも浸透します。これは天皇自身が創り上げたい自己イメージとも合致していたのではないでしょうか。

原　ここで重要なのは、昭和天皇が生物学者だったということです。天皇になってすぐの一九二七（昭和二）年から三〇年にかけて、昭和天皇が生物学の研究に熱を上げた時期があるのです。一九二九年にはわざわざ紀州田辺の神島《かしま》まで南方熊楠に会いに行っています。南方熊楠から森永ミルクキャラメルの箱に入った粘菌の標本をもらって大喜びしているのです。翌一九三〇年は伊豆の天城山中まで行って粘菌の採集に熱中しすぎた結果、沼津に帰ってくるのが二時間近くも遅れている。また葉山御用邸に滞在中には逗子近郊の神武寺に出かけ、粘菌の新種を発見しています。

もしもそれが続いていたら後の生涯は大きく変わったはずなんですけれども、時代がそれを許さなかった。三一年には満州事変が勃発しています。元侍従の岡本愛祐は、「陛下は一週間か二週間にいちど生物学のご研究所へお訪ねになる。それがお楽しみでもあったんです。それを陸軍がいかんといいだしたのです」と回想しています（保阪正康『昭和天皇』、中央公論新社、二〇〇五年）。秩父宮の方が頼りになるという話がでてきてしまうと、もうやめざるをえないですよね。

もともと昭和天皇は生物に対する関心が高くて、たぶん沼津の御用邸で過ごしたことが大きい。あそこの海岸に打ち上げられるものに対して興味をもったようです。一緒に過ごした秩父宮は、「海岸で拾った貝や釣った魚、山でとった蝶や虫の名は片っ端からおぼえたものだが、いまだにそれは忘れていない。動物などの名をおぼえるために使った時間と頭脳を、他のことに使っていたらと残念にならないでもない。しかしこれは、兄上が当時から生物には特別の興味を持って、採ったものの名を一々しらべなければ気がすまないという態度に、ひきずられたというのが正直なところだろう」（前掲「思い出の明治」）と回想しています。

生物学研究に熱心になった天皇と、そうでなかった秩父宮との違いが表れていると思います。天皇はこの箇所が気になったようで、田島道治に「邪推をしていへば（思ふのに無理があるが強ていへば）、生物の事を少し子供の時やつたがこれは無駄だつたといふ」と言っています（『昭和天皇拝謁記』2、岩波書店、二〇二二年）。秩父宮が「時間と頭脳を、他のことに使っていたらと残念にならないでもない」と記したのを、天皇は「無駄だった」と受け取ったようです。

昭和天皇が生物学者になった背景として、歴史に興味をもたせてしまうと、「万世一系」のまやかしを知ってしまうからだと言われることがありますが、昭和天皇自身の主体的な理由もあったわけです。先ほど奥泉さんが触れた自分で稲を植えるという行為もそれにつながっている可能性がありますね。

奥泉　なるほど。それで政治に話をもどせば、戦後の天皇は、戦前でいうところの機関説的な天皇の自己像を一貫して持ち続けているように思えます。日本国憲法ではそういう規定にはなっていないわけですが、本人の理解としては、戦前同様の立憲君主のイメージを保持し続けたのでしょうか？

原　『昭和天皇拝謁記』に記された昭和天皇の発言を見てゆくと、日本国憲法に規定された「象徴」の意味をわかっていないですね。東宮御学問所時代に倫理を担当した杉浦重剛の影響もあって、「象徴」を儒教的に解釈している（原武史『象徴天皇の実像──「昭和天皇拝謁記」を読む』、岩波新書、二〇二四年）。また政治的な発言をいっさい禁じられた憲法に対しては、「元の憲法なら、私が真に国を思ふ立場から何とか動くといふ事もあるのだが、今はどうする事も出来ぬ」（『昭和天皇拝謁記』1、岩波書店、二〇二二年）などと不満を口に出しています。

奥泉　内奏は受け続けていますよね。

原　受けているけれども、裁可を下すことはできない。それに対して非常に不満なんですね。もう東西冷戦の時代になり、明らかに国際情勢が戦前と変わってくる。そうなったときに天皇にとって一番の脅威は共産主義ですから、共産党が伸びてくるということに対してものすごく心配する。

朝鮮戦争が勃発し、三八度線を越えて北朝鮮軍が南下してきたときには、「九州に若干の兵をおくとか、呉に海軍根拠地を設けるとか、兎に角日本の治安の問題に注意して貰はねば困るし、朝鮮の問題に鑑みて総て早く処置をとつて貰ひたいと思ふ。そして、日本に共産党の存在、又は発展する温床のある事がいけないから、之をアメリカが除く事をしなければいかぬ」(同)と言っている。自分は何もできないというモヤモヤがあって、それを何度も田島に対して表明するわけです。

変わらない国民

奥泉　一方、国民の側はどうであったか。

支配的エリート層は、おそらく敗戦直後は呆然としていたと思いますが、天皇の捉え方については、前章でも紹介した吉田茂の考え方があの時代の保守派の典型ですよね。あくまで皇室と国民は一体不可分であり、天皇が国民統合の象徴であるとは、そのことの表現である、と。「皇室の始祖はすなわち民族の先祖であり、皇室はわが民族の宗家というべきである。換言すれば、わが皇室を中心として、これを取り巻く家族の集団が、大和民族であり、日本国民であり、これが日本国家を構成しているのである」（吉田茂『回想十年（下）』、中公文庫、一九九八年）。神話を前提にしていますが、けっして神がかりではない、落ち着いた論述になっている。

国民の皇室に対する尊崇の念についても、「無残なる敗戦後において、わが国民の皇室に対する親愛感、戦前にも増していよいよ深くかつ強きものあるを如何に解せんとするや。皇室、国民の同祖、一体の観念以外に、これを解くこと不可能であろう」（同）というわけです。これが戦後の保守派エリート層のスタンダードな天皇観だったと思います。

これに対して、中間層のほうはかなり分裂しているんですよね。戦前に現人神天皇を内在化していた人であればあるほど、戦後の反動は激しい。天皇の戦争責任を追及し、天皇制否定に向かう。逆に保守派に同調する人たちも出てくる。ある意味ではわかりやすい。

やはりわからないのは一般大衆です。戦後もなんとなく曖昧なままに天皇制を支持しているように見える。中間層も反天皇の有効なムーブメントは起こせなかった。天皇制をなくすには、憲法改正を求めることになるわけですが、一般大衆に響くような言葉を生み出せないまま、なんとなく昭和時代は続いたという感じですよね。

原　日本社会の根底にはずっと「生き神信仰」があるのだという話をしました。明治政府もそのあとの政府も、もともと一般大衆の中にあった生き神信仰というものを克服できたのか。結局それは克服できなかったのではないか。天皇が地方にやって来るとなればワーッと人が集まってくる。さすがに明治初期の六大巡幸のときのように、お湯を持って帰るとか砂利を持って帰るとかそういうことはないと思いますが、大衆の反応のしかたを見ていると、根底の部分であまり変わっていないような気がします。

詩人の茨木《いばらぎ》のり子は、戦後巡幸の一環として山形県を訪れた天皇が自動車の中で熟睡しているのを、絶対の天皇崇拝者だった祖母とともに目撃してしまったあと、こう書いています。「祖母の天皇崇拝も骨がらみのものでは決してなく、観念であり、たてまえにしかすぎなかった。現人神の時代だって、日夜天皇を念頭に置いている人なんか居なかった筈だ。（……）そして祖母の崇拝の対象は天皇でなくても徳川幕府でも平安貴族でもなんであれお上であればよかったのではないか。われら下賤の身、上には畏きお方の在しますという図式さえ整っていれば。祖母一人のことではなく、日本人の心情には代々こういう形を採らないではいられない、いたって脆弱な遺伝的体質があるような気がする」（「いちど視たもの」、『茨木のり子集　言の葉　2』、ちくま文庫、二〇一〇年）。

要するに、天皇がやって来たというよりも生き神様がやって来たみたいな感覚ですよね。

個別の身体として天皇を認識していないわけで、天皇が具体的に何をしたかなんて関係ないわけじゃないですか。明治初期から、いやそれ以前から根底は変わっていないと言わざるをえないと思うのです。

奥泉　とすると、条件が整えば、再び天皇教的な熱狂というものが巻き起こる可能性があるということになりませんか。

原　もちろん、その可能性は否定できませんね。先ほど、「潜在的には熱狂がずっと続いている」と話した通りです。

なぜ熱狂に火がついたのか

奥泉　であるならば、その熱狂を引き起こすべき条件については、過去の歴史からしっかり学んでおきたい。戦前昭和から太平洋戦争に至るまでの時期に、熱狂に火がつき爆発する契機はあったはずですから。

原　繰り返しになりますが、まず天皇機関説が否定されたことはやはり大きいです。日中戦争勃発後は、一九三八（昭和一三）年一〇月に武漢三鎮が陥落しますね。この翌日に、天皇は初めて白馬に乗って二重橋に出てくるわけです。本来は通行する手段であるはずの橋が、天皇神格化のためのステージとして利用されるようになる。

奥泉　天皇自身がどう考えていたかは措くとしても、天皇周辺の支配層は、対外危機に呼応するかたちで、一般大衆が求める天皇像、神格化された天皇像というものを演出してみせるようになっていったということですね。

原　たしかにそれは演じてみせているわけですが、一九四二（昭和一七）年二月のシンガポール陥落の戦勝祝賀式でも、再び天皇は白馬に乗って二重橋に現れて挙手の礼をする、その姿は朝日新聞などが一面トップで大きく写真を載せるのです。メディアが扱ったあのインパクトは非常に大きかったと思います。

奥泉　皇国の聖戦のシンボルとしての天皇。

原　武漢三鎮陥落とシンガポール陥落の二回やっていて、ともに勝利の幻想を与えているわけです。歓喜の渦の中であれを見た人たちは、戦争に勝ったと当然思いますよね。前例のないパフォーマンスですから。けれども、武漢三鎮が陥落してももちろん勝利には終わっていない。それでも懲りずにもう一回やるのです、シンガポールのときに。この戦争は勝ったという幻想を天皇自身も味わったと思います。そこまでやったから負けられなくなってしまいますよね。だからもう負けを認めたくないんですよ。

奥泉　あの戦争の最大の問題点は、まさに負けられない戦争になってしまったという点にある。天皇もまた大衆の熱狂の渦の中でそういう感情に呪縛されてしまった、と。皇国が負けることはありえない。だが、負けた。戦後に生きている人たちは、負けるはずのない戦争に負けた人たちになってしまった。そのために戦争で亡くなった人たちとの連続性を我々は失ってしまった、死者を正しく悼む方法を失ってしまった。いまだに戦死者というものをどう扱っていいかわからない状況に我々はずっと置かれ続けている。

本来、戦争というものは負ける可能性もあるわけです。妥協して終結に導くこともある――というか、それが普通です。ところが熱狂した大衆のエネルギーに押されて、残しておくべき退路まで断ってしまった。しかも悪いことに、太平洋戦争は最初のほうで勝ったりするでしょう。あれがよくなかったですよね。

原　その点については、天皇自身が一九五三（昭和二八）年四月になって「Pearl Harbor 戦争に勝つたのはよかつたが、敗ければ緒戦の華やかさがなくて今よりよかつたかも知れぬ」（『昭和天皇拝謁記』4、岩波書店、二〇二二年）と振り返っています。しかし香港が陥落した一九四一（昭和一六）年一二月二五日の時点では、これとは相反することを言っています。

奥泉　何を言っているんですか？

原　侍従の小倉庫次《おぐらくらじ》の日記には、「平和克服後は南洋を見たし、日本の領土となる処なれば支障なからむ」という天皇の発言があります。もう完全に「勝ち」を確信しているかのような発言です。

奥泉　この頃には、天皇自身も、周辺にいたエリート層も、メディアも、完全に大衆のエネルギーに圧《お》されてしまっていますよね。

原　シンガポールが陥落し、第一次戦勝祝賀式が行なわれた翌日の朝日新聞の記事なんてものすごいです。「『君が代』の大斉唱が徐々に高潮し奔騰し、広場全体が感激と恐懼に戦く荘重な国歌の渦に庵はれた時、老いも若きも、男も女も、その頬に滂沱たる感涙を光らせてゐるではないか、おのれは玉砂利に拝跪しつゝ稚ない愛児を捧げてゐる最前列の母をみよ、その稚な児の頰の紅潮をみよ、をろがみつゝ歌ひつゝ、涙を拭ふもあへぬ人々をみよ……」。こんな感じの文章が延々と続くのです。

反省しても反省しきれないポイント

奥泉　いつも思うのですが、一九四一（昭和一六）年の暮れから四二年の初頭あたりが、日本近代史の中でもっともナショナリズムが光り輝いた時間ですよね。

原　一九三一（昭和六）年東京生まれの父親からけっこう聞かされました。あのときの新聞やラジオを見聞きしながらの高揚感はどれだけのものだったかと。

奥泉　サッカーワールドカップ優勝の一〇倍ぐらいは軽くありますね。私も小説で何度か書いていますが、ものすごい高揚感だったのは想像がつきます。おそらく天皇もそれを共有していた。共有しなかった人というのは、よほどのひねくれ者か、ものすごく物事を見通せる人だけですよね。ごく少数いたと思いますが。

原　そうですね。

奥泉　その後、どんどん戦局が悪くなっていく過程ではどうだったんですかね。一般大衆はしだいに厭戦的にはなってきますが、それはもはや声に出しては言えない。

原　天皇自身は、いまいちど戦果を挙げてから講和に持ち込む、いわゆる一撃講和論に固執します。

奥泉　一九四四（昭和一九）年七月にサイパンが陥落しても、なかなかすぐにはやめられない……。

原　サイパンが陥落したときに、高松宮はもうこれは負けだから早く降伏すべきだと進言するわけですが、天皇はそれを突っぱねている。何度も言いますが、皇太后がずっと勝ちにこだわり続けて最後まで曲げませんから、それはけっこう大きかったと思います。

奥泉　サイパンを獲られれば、もはや勝ち目はない。わかっていながら誰もそこでやめる判断ができなかった。

原　東條英機《とうじょうひでき》内閣が失速して、後を継いだ小磯国昭《こいそくにあき》首相がレイテ島の戦いを「日米の雌雄を決する天王山」と位置付けましたが、大敗しています。

奥泉　サイパン陥落後に亡くなった人の数のほうが多いわけですからね。あそこでやめておけばあれまでの被害にはならなかった。勝ち目はないのに、それでもやめることができなかった。このことは、日本の近現代史を考えるとき、繰り返し俎上に挙げるべき、反省しても反省しきれないポイントだと思います。後から訊くと、ほとんどの指導者が本音ではやめるべきだと思っていたと言う。なのになぜやめられなかったのか。

原　高松宮みたいに冷静に考えれば、サイパンが陥落すれば絶対国防圏が崩れて、本土空襲が可能になるということがわかっていたはずです。

奥泉　あとは神風に期待するということですよね。天変地異でなくても、大きな国際情勢の変化とか、そういうことが何かしら起こって戦局を有利にしないだろうかと、儚い期待を抱いていたところはあると思いますね。

原　政府や宮中にも、それはあったようです。森有正は、「敗戦直前の昭和十九年に、今は死んだある政府の高官が、部下にかしずかれながら、『日本には必ず天祐神助があります』と私に語ったのを聞いたことがある。かれは本気でそう信じていたのである」（『遙かなノートル・ダム』、講談社文芸文庫、二〇一二年。傍点原文）と回想しています。

宮中で最後まで「かちいくさ」を信じていたのが皇太后節子です。皇太后の脳裏には、応神《おうじん》天皇を妊娠したまま朝鮮半島に出兵し、新羅との戦争に勝ったとされる神功皇后があったのではないか。『昭和天皇実録』第九には、一九四五（昭和二〇）年の七月末と八月はじめに九州の宇佐神宮と香椎宮に勅使を参向させ、「敵国撃破」を祈らせる記述があります。ここには天皇ではなく、皇太后の意向があったというのが私の解釈です。伊勢神宮に祈ってもダメなら、応神天皇と神功皇后をまつる宇佐と香椎で祈ろうというわけです。四五年八月になってもまだそんなことをやっていたのだから驚きました。

奥泉　一方で、かりにサイパン陥落の段階で昭和天皇がここでもうやめようと言ったら、それが通ったかという問題もありますよね。

原　『昭和天皇拝謁記』3には、「実は私はもつと早く終戦といふ考を持つてゐたが、条約の信義といふ事を私は非常に重んじてた為、単独講和はせぬと独乙《ドイツ》と一旦条約を結んだ以上、之を破るはわるいと思つた為、おそくなつたのだよ」という天皇の言葉があります。サイパン陥落の時点ではドイツがまだ戦争を続けていましたので、講和はできなかったと解釈できます。

サイパン陥落の時点でやめるべきだとはっきり言ったのは高松宮です。翌年になれば近《この》衛《え》文麿《ふみまろ》なんかも言い出す。かの有名な「近衛上奏文」です。だけどあのとき昭和天皇はまだ一撃講和論に固執している。近衛は高松宮らとともに、天皇を京都の仁和寺《にんなじ》に押し込め、落飾させて「裕仁法皇《ゆうにんほうおう》」とすることまで考える。

奥泉　いずれにしても、天皇機関説否定あたりからずっと続いてきた現人神天皇のイデオロギー路線は、神国日本の聖戦貫徹に巨大なエネルギーを動員してしまい、後戻りができなくなってしまった。最後はただそのエネルギーが減衰するのを待たなければならなかった。ポツダム宣言受諾は、天皇の「聖断」があったからと言われますが、国民のエネルギーがそれを受け入れられるくらいまで減衰していたということですよね。要するに、みんな戦争が嫌になっていた。

原　永井荷風の『断腸亭日乗』なんかを見ていると、一般大衆の動きがよくわかるのですが、四五年になると明らかに厭戦気分が広がっていた。同年五月七日には、「近日見聞録」として「東京市街焦土となりしより戦争の前途を口にする者憲兵署に引致せられ、また郵書の検閲を受け罰せらるる者甚だ多しといふ」とされ、「戦争は六月中日本が勝ちにて突然終局に至る」という流言も広がっていると記されています。

奥泉　そのエネルギーの減衰に至るまでにあれほどの犠牲を払わなければならなかったというのは、返す返すも不幸なことだったと思います。

III

昭和から平成へ、平成から令和へ

代替わり体験

奥泉　一九八九（昭和六四）年の昭和天皇の崩御、あのときの異様な雰囲気はたいへん印象に残っています。戦後の天皇制について私たちが十分な理解をしてこなかった事実が露呈したと痛感しました。

このことを考えるにあたって、戦後昭和を三つの時期に分けてみます。オーソドックスな分け方だとは思いますが、①占領期から復興期（一九四五〜一九五五年）、②高度成長期（一九五六〜一九七三年）、③石油ショックからバブル期（一九七四〜一九八九年）そして改元。

占領期のことはすでに話しました。社会の三つの層——支配的エリート層、中間層、一般大衆層——について言えば、支配的エリート層は、前章で紹介した吉田茂に代表されるような、日本人の宗家としての天皇家のイメージで象徴天皇制を捉え、大衆は、内実ははっきりしないものの、戦前に引き続く支持を天皇に対してしていて、これをGHQは占領統治に利用することになった。一方で戦前戦中に最も強く天皇崇拝を内在化していた中間層は、アンチ天皇に反転する傾向が生じた。

私は一九五六（昭和三一）年生まれなので、物心がついたときには高度成長期のただ中だったんですが、三つの層の枠組みが一定のリアリティをもっていたのは、高度成長期くらいまでかなと思います。七〇年代初頭くらいまではかろうじてその枠組みにリアリティがあった。ところが七〇年代半ばくらいから、三つの層の区分けはそれほどくっきりしなくなっていった。

天皇について言えば、かろうじて存在していた高度成長期の中間層は、私の印象としては、濃淡はあれ基本的にはアンチ天皇制だったと思います。もちろん逆の主張をする人たちも一部にはいましたが。他方、一般大衆はやはりよく見えなかった。

その後、石油ショックからバブル期に入って、中間層と大衆の境界がはっきりしなくなるにつれて、人々は天皇のことをそもそも考えなくなった気がします。天皇の国事行為はもちろんあって、外交に関わる活動もありましたが、見慣れたいつもの風景というか、誰もとくに気に留めるふうはなくて、七〇年代半ば以降、天皇の存在感は薄れていったのではないかと思います。

ところが、八九年の崩御の際、天皇の身体というものが俄然浮かび上がってきた。そうなってみると、依然として天皇がある種のタブーとして存在していることに気づかされた。それが代替わりのときの私の経験です。タブーというのは、簡単にいうと、触れてはいけない存在ということですね。

たとえば、道を歩いていて向こうから大谷翔平がやって来たとする。そうすると、私たちは握手を求めますよね。求めないか（笑）。少なくとも求める人はいるはずです。私も本を出すとサイン会をやったりしますが、なぜだか知らないけど「握手してください」という人がときどきいます。相手が芸能人でも総理大臣でも握手を求めることはできると思いますが、天皇と握手はしにくい。「握手してください」とは言いにくい。そう言える人もなかにはいるのかな。外国人なら平気なのかもしれませんね。

しかしとにかく天皇は触ってはいけない存在だという感覚は、日本国民にはなんとなくある。とくに霊威を感じているわけではないが、神社などの宗教的な施設で「ここから先は神域だから絶対に不可侵ですよ」と言われると、禁を破りにくいということがありますが、これと同じような意味で、一種の不可侵性を依然として昭和天皇は持ち続けていたと思います。

原　今のお話を聞いていて一つ思い出したことがあります。私は一九八七（昭和六二）年に日本経済新聞社に入りました。その前は国立国会図書館に勤めていたのですが転職をしまして、東京の社会部に配属されました。この年の九月、天皇は戦後唯一訪れていなかった沖縄県に行くはずだったのですが、その矢先にガンが見つかったのです。もちろんそうは公表されず、「慢性膵炎」と発表されましたが、沖縄行幸は中止になり、すぐ手術だというわけで、玉体にメスを入れることになった。手術すること自体が歴代天皇で初めてで、まさにタブーを破ったわけです。

日経の社会部にも当然ながら宮内庁担当がいます。通常はそれほど忙しくはないのですが、朝日新聞が天皇の病気をスクープしてから大騒ぎになりまして、手術を機に臨戦態勢に入りました。私は当面、交代で宮内庁の張り番となりました。張り番と言っても、実際には特オチを避けるために記者クラブで待機しているだけ。万一何かあっても、宮内庁に待機していればすぐにわかる。そのときにいないと自社だけが出遅れてしまう。だから最低一人は宮内庁にいる必要があったわけです。

宮内記者会の記者証をもたされ、宮内庁に行くときには坂下門から車で入りました。門には守衛がいて記者証を見せるわけですが、ひとたび入ると世界が変わりました。自動販売機一つ置いてありません。俗界から禁域に入る感じでしたね。

最終版の締切が、当時は午前〇時五〇分でした。しかし、一時過ぎくらいまではなんとか突っ込めるから、一時半くらいまではいました。そういうわけで、宅送りの車で帰宅するとどんなに早くても二時過ぎじゃないですか。しばらくそういう日々が断続的に続きました。それがもとで体を壊したのですが、あのときの記憶がかなり強烈でしてね。なぜこんなことをやっているかわからないわけです。合理的に考えれば、通信社の共同と時事に任せておけばいいのに、なぜ真夜中までいなくてはいけないのか。万一のために新聞社やテレビ局含めてみな待機しているわけです。

しかし何もやることがない。記者クラブの窓から、富士見櫓《ふじみやぐら》の上空にかかる月を見る。お濠の向こうに丸の内や日比谷のネオンが輝いている。俗界の塵や欲望が渦巻いているように見えたものです。唯一の楽しみは張り番が終わり、車に乗って帰宅する途中、乾《いぬい》通りを経由して乾門へ向かうとき。いま乾通りは春と秋に一般公開されていますが、当時はまったく公開されていませんでした。乾門まで七〇〇メートルほど車がゆっくり進んでいくわけですが、秋には前照灯に照らされて紅葉が浮かび上がるのです。誰も見たことのない東京の風景を見ている感覚がありました。

たとえ宮内庁が公表しなくても、天皇の真の病気はガンだというのはなんとなくわかっていました。それでＥＱ部屋というのがつくられました。ＥＱというのはEmperorとQueenという意味です。いつ天皇と皇后が死去してもいいように、予定稿をつくっておくんですね。ところがそこからがものすごく長かった。

宮内庁詰めをしばらくやったあとには、侍医長や侍医の家の夜回りにも行かされるわけです。なぜ行くかと言えば、その日の天皇の体温や血圧、脈拍数、下血の有無などを聞き出すためです。これをやっていると、玉体のイメージが崩れてくる。「下血」なんて言葉を聞くと、否が応でも天皇も一人の老人にすぎないことが実感されてくる。宮内庁詰めになったときとはまた違った発見がありました。

ほかの全国紙は地方にいる記者を呼び寄せてにわかに宮内庁担当の数を増やしたりしていた。日経にはそんな体力はないので、私のような一年目の記者の負担が一番重くなるわけです。たまったもんじゃないですよ。他社の三人分くらいをこっちは一人でやっている。体が持ちません。そういう、ある意味では壮絶な体験をしました。

奥泉　なるほど。たしかにあのとき、王の身体が日本という国の時空間を支配している現実が浮かび上がった気がしました。普段は意識しなかったことです。天皇のことなど全然考えないで毎日暮らしていた。ところが天皇の聖性はなお生きていた。戦前戦中にあった現人神としての天皇の聖性は、戦後の「人間宣言」を経てなお、戦後にも持ち越されてきたと考えていいんでしょうね。

原　そうですね。

天皇崇拝の構造

奥泉　一君万民のイデオロギーをリードした戦前の中間層に対して、一九六〇年代以降は天皇制否定を基調とする新しい中間層が生まれていた。戦前と戦後はかなり対照的だと言えますが、実際に天皇制はなくなったわけではない。とはいえ、天皇の帯びる聖性は薄れていっていると感じていたんですが。

原　当時、社会部のデスクだった人たちは、一九六八（昭和四三）年か六九年くらいに新聞社に入った世代でした。当時はまさに大学が一番荒れた時代です。だいたい学生運動を大学でやっていて、一般企業はどこも採用してくれないから新聞社を受験して入ったという人が多かったのをよく覚えています。だから当然、反天皇が根底にある。なんでこんなことをやらなきゃいけないんだ、往生際の悪い奴だな、などとぶつぶつ言いながらやっていた。新聞社としては自社だけが特オチというのは完全な失態になるからしかたなく行きますが、だれも進んではやっていなかったのです。

奥泉　そこが興味深いところですよね。前に話したように、昭和天皇は戦後の行幸でものすごく人を集めた。戦前と変わらぬ熱狂的な天皇崇拝の場が出現した。それはそうだと思います。しかしその人たちが家に帰ってどうだったか。家に帰ったら全然違うことを言っていたのではないか。公の場面では天皇を崇拝しているかのように振る舞うが、反天皇制の思想を抱く新聞社の人たちが「なんでこんなことしなきゃいけないんだ」と思いながらも、社員の役割としては天皇の病状を仔細に伝えなければならないと考えるのと同じような意味において、ある制度の枠内で、天皇崇拝というものは表現されてきたのではないか。

原　戦前もそうだったのではないか、と？

奥泉　そうなんです。そこがポイントです。じつは戦前も同じで、天皇と臣民という役柄構造のなかにのみ天皇崇拝はあった。それが私は言いたいのです。戦前戦中も天皇崇拝の構造は変わらなかった。

原　それはそうだと思います。前に同時代のドイツやイタリアと比較して、イデオロギーが希薄だったと言った通りです。

奥泉　中間層がアンチ天皇制になり、人々が関心を失ったように見えつつも、役柄構造に支えられた天皇の聖性はずっと持続していて、それが崩御のときに露呈した。

原　そうですね。戦前と戦後がつながっているというのは、宮内庁詰めになったときにもけっこう感じたことです。そもそも宮内庁の建物自体が戦前の宮内省とまったく同じ。あそこって本当に怖いんですよ。だいたい夜七時くらいに入るのだけれども、何もやることがない。そうするとあまりに退屈なので、ちょっと建物のなかを探検してみたことがあります。灯りが点いているのは記者クラブの部屋だけなのです。ひとたび部屋を出ると何があるかわからない。ましてや外は真っ暗闇で、非常に恐ろしい。だから皇居というのは、夜になるとそれ自体が禁域であるということがひしひしと身体に伝わってくる。

建築史家の藤森照信さんが、『建築探偵の冒険　東京篇』（ちくま文庫、一九八九年）のなかで皇居前広場に立ち込めている空気を「打ち消しのマイナスガス」と表現しましたが、そういう環境がタブーをつくり上げているという感じがすごくするのです。

奥泉　なるほど。

昭和の聖性、平成の聖性

奥泉　昭和から平成になりますね、そこでどう変化したか。同じように天皇の聖性、天皇の身体に対する不可触の感覚は持ち越されたと考えてよいのでしょうか。

原　ちょっとそれは違うような気がします。そもそも、身体が違うわけです。

奥泉　ええ、それは決定的ですね。

原　たとえば肉声。昭和天皇の肉声には独特な抑揚があった。玉音放送のあの有名な抑揚です。たとえ人間宣言をしてもそういう身体性はもちろん変わらないわけで、晩年になってももちろん変わらない。正月二日の一般参賀のときに国民の前に現れて「今年もよい年であることを希望します」と言う身体と、玉音放送で「耐え難きを耐え……」と言う身体は変わらない。

実は国立国会図書館の職員だった一九八六（昭和六一）年に、国会職員の特権で一度だけ開院式に臨んでおことばを読み上げる昭和天皇の肉声を生で聴いたことがあるんです。なんというか、あの肉声の感じはちょっと只者ではない。それが代替わりして、急に声が軽くなった感じがしたわけじゃないですか。それで平成の天皇は最初、ものすごく評判が悪かった。

奥泉　そうでしたっけ？

原　はい。いまやほとんど忘れられていますが、どうしても昭和天皇と事あるごとに比較され、重々しさがないと言われたのです。

奥泉　それを言ったのは主に右派の人たちではないですか？

原　明治から大正に変わったときに似ていると思いますが、「軽い」とか「存在感がない」とか、右派に限らず、一般的な印象としてあった。うちの父親なんかも言っていましたからね。要するに天皇といえばどうしても昭和天皇のイメージなのです。しかも大正期と同様、皇后の存在感が大きくて、その分、天皇の存在感が相対的に小さくなった。昭和が当たり前と思っていた人にとっては大きな違和感があったと思うんですね。

オウム真理教から派生した団体「ひかりの輪」の副代表で、昭和天皇が死去した一九八九年一月七日にオウム真理教の信者になった広末晃敏《ひろすえあきとし》は、「まだ当時は認識していませんでしたが、天皇崩御によって生じた心の空隙を埋めるために入信した私は、潜在意識下で、天皇の代わりを麻原〔彰晃〕に求めたのかもしれません」（「私が起こしたオウム事件——オウム・アーレフ18年間の総括」、ひかりの輪ホームページ）と回想しています。オウム事件の遠因は昭和天皇の死去にあったとも言えるわけです。

もう一つ決定的なのは、一九九一（平成三）年、雲仙普賢岳《うんぜんふげんだけ》の大火砕流の直後に天皇・皇后が日帰りで長崎まで飛行機で往復し、島原の体育館で二手に分かれて被災者にひざまずいて話しかけたという、あの場面だったと思います。明らかに昭和とは違う、平成の光景ですよね。

奥泉　たしかにあのあたりから、新しい天皇のイメージが流通しはじめましたね。昭和には天覧という言葉があった。長嶋茂雄がサヨナラホームランを打った後楽園球場とか、大相撲とか。つまり天皇の来臨には、戦前から続く何かしらの特別感があった。平成はそういう感じではなくなる一方で、平成の天皇はべつの方向への聖性の獲得に向かったと言えそうですね。

ひざまずく皇太子妃――「平成流」の萌芽

奥泉　平成の天皇にももちろん皇太子時代がありますが、これがかなり長いわけです。正《しょう》田美智子《だみちこ》さんと結婚したのが一九五九（昭和三四）年。原さんの『平成の終焉』（岩波新書）という本にも丁寧に書かれていますが、皇太子時代の天皇は行啓を熱心に行なっていますね。国民はそれをどう受け止めていたのでしょうか。

原　全国紙はほとんど無視していましたが、皇太子夫妻が訪れた地方では新聞の一面トップで報道されるくらいのインパクトがあったことは間違いない。一九五九年に結婚して、六〇年に訪米、その翌年の六一年から本格的に地方を回り始める。最初は長野県に行っていますが、「安曇寮」という高齢者施設を訪問したときに皇太子妃がひざまずいた。

「美智子さまは、タタミにヒザをおろし、（……）顔をよせるようにして「ここへきて何年になります。町へもときどきは出かけますか」などご質問。耳の遠い老人たちがぽつぽつお答えすることばに、やさしくうなずいておられた」（『信濃毎日新聞』一九六一年三月二八日）と報じられています。

衝撃的ですよね。自分のほうからひざまずいて、高齢者と同じ目の高さで一人一人に声をかける。信濃毎日新聞にもその写真が掲げられています。昭和天皇であればむしろ自分のほうが高いところに立つ。差をつけて、一般の人たちは仰ぎ見る。仰ぎ見ながらみんなで万歳をしたりする。それとは明らかに違うスタイルです。後に「平成流」と呼ばれるスタイルの萌芽が、早くもこの時点で現れている。

奥泉　昭和天皇は下から仰ぎ見る対象だった。それに対して水平的に……。

原　水平的だし、一対一。一対多から一対一になって、そこで言葉が用いられる。昭和天皇の場合は基本的にコミュニケーションがない。ところが皇太子妃は一人一人違う言葉をかけていく。ちゃんと目を見ながら、その人に対しての言葉なんです。お決まりの言葉ではない。そこがまったく違う。

一九六二（昭和三七）年には宮崎・鹿児島・熊本各県に行っていますが、宮崎の「青島寮」というところで地元の青年代表を集めて懇談会をやっています。以降、一時間半とか二時間とか、それくらい時間をかけてじっくりと地元の青年たち、五人から一〇人くらいとその地方ならではのいろんな問題を徹底的に話し合うようになります。二時間も話すといったらすごいことです。それが可能なくらいの語彙を持ち合わせている。もちろんかなり勉強してから行くわけです。この懇談会は、少なくとも一九七〇年代後半まで、皇太子夫妻が訪れた全国各地の宿泊施設や公共施設で開かれました。

奥泉　昭和天皇とはまったく違うスタイルを築いていった。それを美智子さんが主導していったんですね。やはりカトリックの信仰と関わりがあるのでしょうか。

原　そうだと思います。それだけのスピーチ力や語彙力は、中学から大学まで通った聖心女子学院で鍛えられたのだと思います。県によっては記録がしっかり残っていますけれど、それを見ると、その振る舞いは政治家顔負けと言ってよい。

奥泉　一見そういうふうに見えませんが。

原　今でいうタウンミーティングみたいなこともやっています。本来は政治家がやるべきことをやっている。美智子妃がそこにいるということは、必ず女性が集まるということです。ほとんどの場合、男女半々で、女性の方が若干多い場合すらある。ですから女性ならではの生活の悩みとか苦しみは美智子妃がすべて吸い上げることになる。それが初めて可視化されて新聞に大きく出る。これは当時の政治家ができなかったことです。

奥泉　なるほど。本人の意図はともかく、非常に大きな政治的効果があったということですね。

原　非常に大きいです。

奥泉　美智子妃が政治家だったというのは新鮮で、かつ重要な指摘ですね。それに天皇も、当時は皇太子ですが、だんだんと同調していくわけですね？

原　だんだんと皇太子が皇太子妃に影響されていく。一九六一（昭和三六）年の長野の安曇寮では、まだ皇太子は立っているんです。ところが六〇年代末になると、二人とも膝をつくようになる。平成になると、雲仙普賢岳の大火砕流のときに大々的に報道され、このスタイルが有名になる。二人が、二手に分かれてひざまずく。しかしあれは平成になって初めてやったことではなくて、一九六〇年代からずっと続けてきたことなのです。

奥泉　時間をかけてつくられてきたものだったと。

原　そう。単に中央のマスコミが報道しなかっただけです。

奥泉　私も平成になってから、はじめて報道で知りました。この新しいスタイルは、昭和天皇とは異なる新たな聖性の獲得というふうに考えられるのでしょうか。

原　ずっと続けていくことによって、昭和とは違った意味での聖性とかカリスマ性が出てきたというのはあると思います。右派の人たちは、一九八〇年代になると昭和天皇はこの先長くないとわかってきて、危機感をもつわけですね。それでどうしたかというと、たとえば在位六〇年に当たる一九八六（昭和六一）年一一月、夜、二重橋に昭和天皇が出てきたときに提灯奉迎する戦前のスタイルを復活させた。あれは危機感のあらわれですよ。現在の日本会議につながる人たちが、平成になっても各地での提灯奉迎を続けることになります。

奥泉　平成の天皇と美智子妃のカリスマ性獲得の方向は、そういう人たちの神経を逆撫でするることになる。右派の人たちは、天皇には遠いお立ち台にいてもらいたい、仰ぎ見られていてほしいわけですからね。

原　そうそう。だからそういう人たちがしゃかりきになって演出したのが、天皇在位一〇年や二〇年のときに皇居前広場で開催した「国民祭典」というやつですね。

奥泉　万世一系、家父長制的イエの宗家として、国民の頂点に立っていてくれ、と。その発想のなかでは、美智子さんはどうでもいいわけですよね。子どもさえ産んでくれれば。

男系の当主が重要で、家父長が支配し中心となるイメージのなかで天皇制を盛り上げたいのが右派の人たち。今もそうですけれども、それが基本的な発想ですからね。

原　そのとおりだと思います。

宮中祭祀という使命

奥泉　もう一つ、これも原さんがずっとお書きになってきたことですが、宮中祭祀の問題がありますね。意外といえば意外ですが、平成の天皇よりも、美智子さんのほうが宮中祭祀に対して熱心だったんですね。

原　そもそも宮中祭祀に関しては、昭和天皇の母である貞明皇后が非常にうるさかったということが背景にあります。それに感化されて昭和天皇も、特に昭和初期は熱心にやっていた。ところが一九七〇年代以降、天皇の年齢に配慮するかたちで、天皇と親しかった侍従長の入江相政が主導し、祭祀の負担を減らし、代拝を増やしていきました。最終的には新嘗祭だけにする。昭和天皇もあまり抵抗しなかった。

平成になってこの流れを元に戻してしまう。平成の天皇も皇后も代拝ではなくて全部自分自身で行なう。入江相政のような侍従長はいなかった上、あくまでも自分たちでやるという意思をもっていたから、七十代になろうが八十代になろうがなかなか代拝させない。とりわけ天皇はそうでした。

奥泉　象徴天皇というものの内実を充実させるためには必要だ、という考えがあったわけですね？

原　まさに二〇一六（平成二八）年八月八日の「象徴としてのお務めについての天皇陛下のおことば」のなかで、天皇自身が象徴としての務めの一つとして、「国民の安寧と幸せを祈ること」を挙げています。これを全身全霊でできなければ象徴天皇ではないとまで言っている。だからこそ代拝させないわけです。

奥泉　でも、それは憲法には書いていないわけだから、本当はやらなくてもいい。

原　もちろんです。

奥泉　やらなければならない義務はまったくないが……

原　ないけれども、天皇がそう定義づけてしまった。

奥泉　実際それをずっとやってきた、と。歴代の明治、大正、昭和、平成――令和も入れてもいいかもしれませんが、そのなかで一番熱心だったわけですね。

原　そうです。ダントツに熱心でした。比べものにならないくらい。

奥泉　それも美智子妃が主導した？

原　私はそう思います。

奥泉　宮中祭祀というかたちで祈ることが私たちの使命だと？

原　ものすごくそれはあると思います。令和になってもそこは受け継がれているのですよ。コロナで行幸はしばらくできませんでしたけれども、その間も祭祀だけはやっている。現天皇もそこは熱心にやっている。

天皇が私たちの代わりに死者を悼む

奥泉　それから平成の天皇の非常に目立つ活動としては、戦地訪問ですね。沖縄、サイパン、フィリピン……アジア太平洋戦争で犠牲を生んだ地域を回った。この意味はどうお考えになりますか。

原　それについてはプラスに評価されている場合が多いのですが、私はそんなに簡単ではないと思っています。というのは、いま言われたように、平成の天皇・皇后が訪問した戦地はもっぱら太平洋戦争の後期、日本が連敗を重ねた太平洋の島々です。

奥泉　多くの犠牲を出したところですね。

原　ええ。もっぱらアメリカと戦って敗れたところに行っている。しかし言うまでもなく、あの戦争の全体像を考えてみれば、少なくとも満州事変以降、いわゆる十五年戦争と呼ばれる時期の戦争というのは、日本が一方的に侵略していく場所もあるわけです。旧満州や中国大陸もそうだし、太平洋戦争開戦の際には真珠湾を奇襲し、マレー半島にも上陸している。そういうところにはまったく行っていない。だから平成の天皇・皇后が訪問した戦地だけを見て、あの戦争を考えるのは実態を歪めてしまう。日本が侵略をしたという実態がほとんど抜け落ちてしまう。そこがすごく気になります。

奥泉　なるほど。しかし肯定的に評価するイメージとしては、戦後の日本人を代表して死者を悼んでくれているという捉え方があると思います。それに対してとくに高い評価がある。けれども、本当はそれは天皇にやってもらう前に国民がやらなければならないことです。ところが国民がそのやり方をなかなか見出せない。戦争中の死者たちと戦後を生きる我々の間には断絶ができてしまった。

戦争のときに天皇のために死んだ、現人神のために犠牲になった人たちがいて、ところが戦後になってみたら、「じつは人間だったんです」「あれは間違った戦争でした」と急に言われて彼らは裏切られてしまう。これは私が小説に繰り返し書いていることですが、その結果、亡くなった兵士たちには行き場がなくなってしまった。彼らに行き場がないということは、戦後を生きる我々との連続性がないということです。だから私たちがあの人たちを悼む方法がない。かつては靖国神社が戦死した人たちの行き着くべき場所だったけれど、敗戦後に戦争の聖戦としての意味は脱色され、正しくない戦争とされてしまった。そもそも負けるはずのない戦争に負けたわけですからね。神として祀るというかたちでは悼むことができない。

だから、これも私は繰り返し言ったり書いたりしているのですが、戦争の犠牲者は平和のための犠牲だったと捉えて、悼むべきだということになる。彼らは国家のために死んだわけではない、平和のための犠牲だったと捉え直すしかない。しかし繰り返しになりますが、国民国家の枠組みのなかで、我々はその具体的方法を見出せないでいる。

そう考えたとき、戦後、平和の象徴とされた昭和天皇の息子である平成の天皇は、戦前との連続性を保ちつつ死者たちを弔うことができる面がある。それを平成の天皇はやっているのかもしれない。我々ができていないから、かろうじて天皇が代わって、あるいは我々を代表して死者を悼んでくれているということになる。

原　それはそうだと思いますが、しかしやはり、平成の限界でもあったと思います。たしかに激戦地には行ったし、沖縄のように皇太子時代から何度も行った場所もある。でも先ほども言ったように、本当に戦争に対して反省するのであれば、中国の柳条湖や南京、重慶、ハワイの真珠湾、マレーシアのコタバルなど、加害の責任を負うべき場所にも行かなければならない。それを令和の皇室は意識しなければいけないですよね。ただまだあまりそういうことを考えているようには見えない。戦地への訪問は平成で十分やったのだと受け取られているような気もするし、それが称揚されることで戦争の全体像がかえって見えにくくなってしまっているのが引っかかります。

奥泉　なるほど。しかしそれとはべつに、私は平成の天皇に対して、というか天皇制全般についてですが、批判的視点をもっています。たとえば韓国の人たちが、日本には天皇がいて羨ましいと言うことがある。韓国では大統領が代わると前の大統領が糾弾されて逮捕されたりといったことが起こる。国のトップに立つ人間の徳性が問題にされる。政治的な手腕だけでなく、高い徳をもっていなくてはならない。しかし実際にはなかなか難しいわけで、だから代が替わるたびに揉め事が起こる。かたや日本には天皇がいて、徳性の部分は一手に天皇が引き受けている。そういうかたちで日本国民の統合が保障されている、そこが羨ましいというわけです。

原　しかしそれを言うなら、朝鮮民主主義人民共和国（北朝鮮）はどうなるんだと言いたくなりますね。金日成《キムイルソン》、金正日《キムジョンイル》、金正恩《キムジョンウン》という具合に、親から子へと継承される血の連続性が体制の正統性を担保している。この点が天皇制とよく似ている。実際、白馬に乗ったり、御召列車みたいな専用列車でしばしば地方に行ったりするわけです。日本の戦前の天皇制をかなり模倣しているのではないかという気がします。

奥泉　でも、北朝鮮は言うならば親政ではないですか。日本は天皇親政ではなくて、特に戦後は象徴というかたちをとる。政治を運営するのは別の人たちであって、それとは切り離された、いわばイノセントな場所に天皇は存在しえている。

一人一人と相対してきた厚み

奥泉　とりわけ平成期につくりあげられた天皇イメージは、純一でイノセントな日本人共同体を代表するというものだと思うのです。政治家ではそれはできない。さまざまな利害対立のなかで、綺麗事では済まない問題に直面し、これを処理しなければならない。そうした現実政治からは離れた場所にある、純一で対立のない日本人共同体、それを統合する象徴としての天皇。そういうイメージが平成の天皇から強く生まれてきたと感じるのです。

これはいわゆる主権在民――というのは政治主体の集合体が国家を形成しているということです――とは矛盾している、というか位相が違う。「天皇と国民はイノセントだった。軍部がすべて悪かったのだ」というかたちで構想された戦後の日本人共同体のイメージは、平成になってむしろ強化された感じがある。

誠心から祈り、夫妻そろって被災地で被災者を励まし、戦地に行って兵士たちを悼む。それは誰も文句を言えない、とても高い徳性を示す行動です。たとえば原発推進に反対する、あるいは賛成するといったことは絶対にしない。利害対立の一切ない場所で、純一でイノセントな国民共同体をイメージさせる機能をもった。実際に平成の天皇がそういうふうに考えていたかどうかは別問題として。

原 たしかにそれはよくわかります。ただ、繰り返しになりますが、一九六一（昭和三六）年から半世紀以上にわたって全国各地を二人でずっと回っているわけです。全道府県に最低三回は行っている。沖縄県や北海道など、場所によっては一〇回以上です。二〇一六（平成二八）年八月の「おことば」のなかでは、「国民」という言葉もたしかに使われていますが、「市井の人々」という言い方も出てきます。「これまで私が皇后と共に行って来たほぼ全国に及ぶ旅は、国内のどこにおいても、その地域を愛し、その共同体を地道に支える市井の人々のあることを私に認識させ」た、と。

「市井の人々」という言い方をあえてしているところに私は注目しました。「国民」というのは非常に抽象的な概念ですね、「国民」もしくは「臣民」と言っていると、顔が見えないわけです。行幸啓に集まっているのはあくまで万単位の人ですから、昭和天皇は一人一人の顔なんて見ていない。ところが、平成の天皇・皇后は一人一人と相対する。全国津々浦々、北は北海道の宗谷岬から西は沖縄県の与那国島まで行っているわけで、一口に日本といってもまったく違うのです。半世紀以上にわたって全国各地を渡り歩き、地方の人々と会って話をしてきた政治家なんていない。だからあの「市井の人々」という言葉にどれだけの意味が込められているか。それを想像すると、おそらく具体的にありありと思い浮かべることのできる人々の顔や場面がいくつもあるはずです。その厚みというものを、私たちは想像しないといけない。

奥泉　なるほど。抽象的な国民や日本人ではなく、具体的な対象に向かって祈っているということですね。

原　そうです。そこが平成の天皇・皇后の空前絶後なところで、前にいないし、たぶん後にも出てこないんじゃないかと思うのです。

奥泉　でも、私はそのことのもつ政治的な意味をどうしても考えてしまうんだなあ……。

原　それはもちろんです。私はそれを、「国体」のミクロ化と呼んでいます。政治家や官僚が介在せず、一人一人と直接相対することで、ミクロ化した「国体」が全国各地に確立されたという意味です。

奥泉　平成の天皇・皇后の深い思いはべつにして、祈りのなかに現出するものは、くどいようですが、非常にイノセントな共同体のイメージなんですよね。では、外国人はどこに入るのかという問題もある。

原　それは平成の天皇制を考える上で重要な問題です。「おことば」でも基本的には「国民」が使われていますし、「市井の人々」といっても念頭にあるのはやはり日本人だと思います。外国人が働いているようなところにはほとんど行っていません。ミクロ化した「国体」が累積してゆくことで、日本全体が完全に閉じた一つの共同体のようになってしまう。それはそれで大きな問題です。

奥泉　日本国民は必ずしも日本人とは限らない。しかし、象徴天皇制の下で、日本人共同体というものが強くイメージされていて、天皇は国民統合の象徴というよりも、純一なる日本人共同体の象徴であると感じられてしまう。

原　平成の終わりになればなるほど、外国人労働者は増えていったわけなのに、「日本のブラジル」とも言われる群馬県の大泉町に一回行っただけです。それくらいしかないはずです。外国語で直接話すことのできる令和の皇室は外国人に対する目線がちょっと変わるかもしれませんね。

国民は「象徴」の意味を考えてこなかった

奥泉　二〇一九（平成三一）年に平成の天皇は生前退位しますが、それより前、二〇一六年に「おことば」が発せられた。これに対して原さんは批判的でしたよね。どのあたりに批判の中心があるのか改めて教えていただけますか。

原　「天皇という立場上、現行の皇室制度に具体的に触れることは控え」るとは言っていますが、しかし「おことば」を発したわけです。たしかに直接的な言い回しはしていませんが、相当に強く退位を匂わせるニュアンスで話している。「象徴としてのお務め」を全身全霊で果たすことができなくなったら、もう天皇ではないんだと言っている。これは退位したいんだと伝わる内容になっているのであって、その後に世論調査をすれば圧倒的に退位が支持されるでしょう。要するに世論を動かしている、民意をつくってしまっている。

実際、これを受けるかたちで政府や国会が動き出す。有識者会議もできましたよね。御厨貴さんが座長になって有識者と呼ばれる人たちが話し合って、結果的に特例法ができて、皇室典範そのものは変えないけれども、いわば一代限りの例外として退位を認めるというふうになった。現実に天皇は退位をする。あの「おことば」がなければそういう流れは当然できなかったわけです。

奥泉　そもそも象徴の役割は何も法的な規定がないのに、天皇が自分でつくってきたわけだし。

原　それも大きな問題で、『平成の終焉』にも書きましたが、そんなことを天皇が言い出す前に、本来は国民が考えるべきことでしょう。

奥泉　たしかに国民は象徴ということの意味をまったく考えてこなかった。

原　だから逆に、天皇の側からボールが飛んできた。

奥泉　「象徴」ということに対する思索の積み重ねが圧倒的に違う。だから、そのことに誰も反論できないということになってしまった。

原　そうなんです。

奥泉　しかし今後、平成の天皇が示した象徴の役割、それがずっと受け継がれるとは限らないですよね？

原　令和になってもう既に半分崩れていると思います。平成の天皇は「祈る」ことと同時に、「時として人々の傍らに立ち、その声に耳を傾け、思いに寄り添うことも大切なことと考えて来ました」と言っています。行幸啓を指していると思われますが、令和の皇室はコロナでしばらく行幸啓ができなくて、オンライン行幸啓とか言っていましたけど、少なくとも実際に傍らに立つということができなくなってしまった。

二〇二四（令和六）年の一月一日に能登で大きな地震がありましたね。天皇と皇后が被災地を訪れたのは、現地が落ち着きをかなり取り戻した三月下旬になってからでした。平成の天皇と皇后はもっと早かった。たとえば一九九五（平成七）年一月一七日に起こった阪神・淡路大震災のときは、一月三一日には被災地に行っています。二〇一一（平成二三）年三月一一日に起こった東日本大震災のときも、三月三〇日から避難者の見舞いを始め、四月一四日から七週連続で被災地を回った。ところが令和になって、それが後景に退いて、むしろ政治家のほうが積極的に動いている。実際の行幸啓を再開しても、皇后の体調に配慮するスケジュールが組まれ、天皇が単独で動く日も少なくありません。平成流はもう半分くらい崩壊しています。

自衛隊との結びつき

奥泉　いずれにしても平成流と呼ぶべきかたちで平成の天皇は三〇年くらい仕事をしてきた。それに対して国民の側はどうだったかと言えば、提灯行列をやって奉祝するようなスタイルで、私の言い方だと、家父長制的イエのトップに立つ、宗家としての天皇家を盛り立てようという保守的なムーブメントが、平成では少しずつ目立ってくる。それから、戦前には大元帥だった天皇が、戦後は平和の象徴となったわけですが、平成になって自衛隊との結びつきも少しずつ目立つようになった気がします。

原　それはありますね。戦後の昭和天皇は再軍備を唱え、自衛隊への思いも強く持っていましたが、戦前の大元帥としての面影がまだまだ残っていましたので、自衛隊との距離は相対的に保たれていました。

奥泉　そのようにいわゆる保守派の人たちが前に出てくるのと対照的に、アンチ天皇のいわゆる左派は目立たなくなっていく。総じては天皇をめぐる問題は天皇本人に丸投げするかたちになって、結果、「天皇？　別にいてもいいんじゃない？」というような人が多くなってくる。平成期はだいたいそういう流れですよね。

原　自衛隊との結びつきというのは、災害とつながっているんですよね。特に東日本大震災のときが印象に残っていますが、二〇一一（平成二三）年三月一一日に地震が発生して、三月一六日にテレビで「おことば」を発しました。自衛隊を筆頭に挙げて、「余震の続く危険な状況の中で、日夜救援活動を進めている努力に感謝し、その労を深くねぎらいたく思います」と。天皇が自衛隊に対する感謝を公言したのはあれが初めてだったのではないでしょうか。いまでは、能登の震災のときもそうでしたが、被災地を視察するときに自衛隊のヘリコプターを使うことがすっかり定着しています。

奥泉　あの段階では自衛隊の飛行機でないと行けなかったのかもしれませんね。

原　しかし昭和天皇とは違って自衛隊のヘリコプターを公然と使い、平成の天皇自身が自衛隊に対する感謝をはっきりと言ったわけです。そういうかたちで自衛隊との距離が縮まった。これも平成期に顕著になってきたことですね。

反天皇制の理由

奥泉　しかし一方で、いわゆる保守派の人たちのイデオロギーに対しては、平成の天皇はむしろ対立的と言っていいんですよね？

原　そこは微妙で、全面的に対立したと見るべきなのか。地方に行ったときに日本会議などの右派の人たちが、提灯奉迎をやるわけですが、天皇・皇后は別に抵抗しないのです。ちゃんとホテルの部屋で提灯を持って応えている。それはそれで昭和式のやり方で感激させるわけですよね。皇居前広場で開かれた在位一〇年や二〇年の「国民祭典」もそうです。だからそこは両刀遣いみたいな感じがします。

奥泉 なるほど。しかしいずれにしても、かつて右派の人たちによる美智子さんに対するバッシングもあったりして、昭和式にこだわる保守派には、「平成流」に対する拒否はずっとあったとは言えますすね。

原 はい。江藤淳も阪神・淡路大震災のときに天皇の振る舞いを批判しました。

奥泉 他方で、いわゆる反天皇を唱える人たちが少なくなっていく傾向がある。

原 反天連（反天皇制運動連絡会）のような団体もあって消えてしまったわけではありません。かつての左翼的なイデオロギーも一部に残っています。また、純粋に共和制のほうが良いと考えている人たちもいます。

奥泉 とはいえ反天皇制が社会の基調でなくなって久しいとは感じます。私自身は天皇制には基本的に反対です。理由はさっきも言ったように、政治主体としての国民が社会形成をするためには天皇制はないほうがいいのではないかと思うからです。天皇を中心にしたイノセントで純一な日本人共同体のイメージでは、社会形成をしていけないのではないか。

天皇制が廃されたら、日本社会はその美点を失って、より悪くなるんじゃないかという不安があるのはよくわかります。その不安は私にもないわけじゃない。しかし前にも話した、アジア太平洋戦争開戦から敗戦に至る過程で天皇の果たした役割を考えたとき、犠牲になった人々を正しく悼み、歴史の経験を糧に社会を成していくには、日本国民が天皇から離れて「自立」することが必要ではないか。

原　私はそれとは別の理由から天皇制には反対です。どういう理由かというと、天皇制というシステムは男性よりも女性の方により多くの負荷を生じさせる。ある種の性差別のシステムに他ならないからです。

奥泉　具体的にはどういうことですか。

原　一つは言うまでもなく、現行の皇室典範のもとで、男子を産まなければならないことです。このプレッシャーは女性だけが背負わなければならない。たとえ女性天皇や女系天皇を認めたとしても、女性が子どもを産まなければならないこと自体に変わりはありません。もう一つは、女性の血の穢れの問題があります。生理とか出産のときに女性をある種の穢れた存在として見なすという考えがいまだにある。掌典職のなかで女性の内掌典だけがそういうしきたりを今なお厳格に保っている。皇族の女性だって生理にあたれば祭祀に出られない。『昭和天皇拝謁記』を読んで驚いたのは、天皇と宮内庁長官が皇后の生理の周期について話し合っていたことです。プライバシーが守られないしくみがいまだに保たれているわけです。選択的夫婦別姓が実現されないのも、皇室に姓がなく、女性が嫁げば必ず姓を捨てなければならない天皇制というシステムの存在と無関係ではないと思っています。

奥泉　そもそもいまの日本社会のなかで、家父長制的なイエのシステムはもう無理だと思います。いまおっしゃったように、女性にものすごく犠牲を強《し》いるシステムであるわけですから。それを否定し解体した後でどういう社会を構成していくかが課題にならざるをえない。少なくとも、現在の家父長制の色を強く残した天皇制は否定されるほかないと思います。

平成と令和の皇室の違い

原　平成と令和の皇室はいくつか違うところがあるのですが、まず一つは、平成という時代は皇后が非常に強いリーダーシップを発揮したということですね。それに対して令和の皇室は、皇后の体調が万全ではない。天皇は終始皇后の体調に気を遣っている状態です。だから行幸啓が復活しても、日程的に短くしますから、地方を回れる範囲が限られる。平成みたいに全国津々浦々くまなく回るなんてことはたぶんできなくなっている。

二〇二四（令和六）年二月二三日の天皇誕生日に際しての会見で天皇自身も言及していましたが、コロナのあいだオンライン訪問を併用していたのです。今後も活用したいと言っていて、あれはたぶん本音だと思いますが、まさにリモートワークが定着した令和という時代が反映されていると思います。そうなると、とにかく必ず現地に行くという平成流とは、スタイルが変わっていくだろうと思います。

奥泉　しかしこうして歴史を振り返ってみると、近代以降の天皇制は代替わりのたびに新しい危機を迎えていたということなんですね。繰り返し危機を乗り越えてきたとも言えますね？

原　そうですね。写真、活動写真、ラジオ、テレビと、明治以降の皇室は新しいメディアを巧みに使うことで、天皇の存在を意識させたり、世界史的な君主制の危機を乗り越えたり、大衆の支持を集めたりしてきました。オンラインもまたその一環として位置づけることができると思います。

奥泉　新しいかたちで国民の想像力を刺激できるかどうかが課題になる、と。
原　おそらく宮中祭祀のあり方も変わっていくのではないでしょうか。
奥泉　宮中祭祀は天皇自身はいまも熱心にやっているのですよね？
原　宮中祭祀に熱心だった上皇夫妻に加えて、秋篠宮夫妻を意識している気がします。秋篠宮夫妻はけっこう宮中祭祀に熱心なので、天皇のほうも熱心にならざるをえない。
奥泉　昭和天皇と秩父宮の関係みたいになっているのかな。
原　特に紀子《きこ》さんが上皇后を尊敬しているので、すごい熱心なんですよね。皇嗣妃《こうしひ》になったことで、皇后と同様、宮中三殿に上がれるようになったことも大きいと思います。
奥泉　そういう意味でいうと、秋篠宮家がむしろ平成の皇室のスタイルを受け継いでいる可能性があるわけですね。
原　そうであれば、当然、天皇としては競争意識をもってやらざるをえないと思いますね。

秋篠宮家の存在感

奥泉　平成と令和の違いはまだありますか？
原　秋篠宮家の話が出ましたが、眞子さんが皇室を離脱して小室圭さんと一緒にニューヨークに行ってしまったではないですか。あのときの会見はそれまでの皇室のイメージを大きく変えたところがあったと思うんですね。

二〇一六（平成二八）年の「象徴としてのお務めについての天皇陛下のおことば」で示された象徴天皇の務めは、全身全霊をかけて国民の平安を祈り、時には傍らに立って国民の声に耳を傾けるというものでした。ところが眞子さんは、「私」を優先させますと言って日本を去っていった。これは皇室のイメージをがらりと変えた、あえて言えば、傷つけた。それが秋篠宮に対するバッシングにもつながっている。眞子さんのような子どもを育てた親が悪いという言い方にもなっている。そうなると、これまであまり表面化しなかったような皇室に対しての物言いが一斉に噴出する。

それが、平成の天皇・皇后へのバッシングにもつながっている。実際に能登で震災が起こったときには、すぐ被災地に赴いた平成の天皇・皇后を「目立ちたがり屋」として叩き、逆に現天皇夫妻がすぐ動かなかったのは現地に迷惑をかけないようにしたからだとして持ちあげるSNSを数多く見かけました。

平成のときと比べると、ある意味では言論の自由の幅が広がったけれども、一方で否定的な言い方がけっこう目立つようになってきて、それが膨らんでいく可能性もある。たとえばですが、「なんだ、あいつら。皇居や赤坂御用地のほかに三つの御用邸と御料牧場まで持っていて、どこに行くのも豪華な列車や飛行機で、ホテルや旅館では最上級の部屋に泊まり、国民の税金で飯食って贅沢してる」みたいな方向に膨らんでいくと、平成のときに完成されたように見える象徴天皇制そのものの基盤が揺らぐでしょう。

奥泉　やはりあの眞子さんの一件は大きかったんですかね。

原　あれによって、皇室に対して平気でボロクソ言う人が出てきたように思います。

奥泉　逆の意見はないんですか?

原　というか、ネットの世界では「現天皇夫妻派」と「秋篠宮夫妻派」、ないしは「女性女系容認派」と「男系男子維持派」が互いに泥仕合をしている印象があります。

奥泉　いずれにしても、皇室に対して毀誉褒貶《きよほうへん》する感情を生み出したということですね。

原　世論調査では女性天皇を認めるべきだとする割合が非常に高い。ということは、皇室典範を改正し、愛子さんに天皇になってもらいたいと考えている国民が多いということだと思います。

奥泉　しかし、皇位は秋篠宮家に移っていく。

原　もちろん現行の皇室典範によればそうなります。それは面白くないと思っている人たちが多いということです。

奥泉　でもそれは万世一系を危うくする。

原　女性天皇を認めてしまえば、王朝の交代を意味する女系天皇に道を開く可能性がある。しかし、男系男子に固執しているように見えた安倍晋三は、女性天皇までは妥協していたようですね。まだ女系ではないので……。

奥泉　ワンポイントリリーフみたいな感じで？

原　はい。もちろん本音は男系男子でしょうけれども、そこに続いていくことが担保されているならば、愛子さんがワンポイントでもいいと考えたのでしょう。そういう意味では、悠仁《ひさひと》親王の誕生によって秋篠宮家が台頭してきたのも、平成と令和の違いと言えます。天皇・皇后の存在感が際立っていた平成に比べ、令和は上皇夫妻と「皇嗣」と呼ばれる秋篠宮夫妻がいて、天皇・皇后の存在感が相対的に低下する状態になったわけです。

令和の空気

奥泉　ここから先、天皇制はどうなるのでしょうか。もちろん後継者の問題もあるわけですが、制度があまりにも皇室の人たちのやる気、というか善意に依存しすぎていて、なかなか続かないのではないかと、誰でも思うんじゃないでしょうか。皇室の人たちに人権はないとよく言われますが、「人権がなくていいです」と言って引き受けてくれないと続かないのでは、無理がないか。嫌だという人が出てきたら終わりますよね。継続が難しいのではないかという印象をもちます。

原　そうだと思います。それから、先ほども言いましたが、天皇家は東京の中心にあれだけ莫大な土地を占有していて、くわえて葉山と那須と須崎に御用邸があって、栃木に御料牧場もある。それだけの土地や家屋をもち、自由に使うことができる家は、日本でほかにいないわけです。

英国の王室はほぼ独立採算制のため、高い入場料をとってバッキンガム宮殿やウィンザー城やケンジントン宮殿などを公開していますが、皇室はそんなことをやる必要がなく、一般国民が皇居や赤坂御用地やいま使用中の御用邸に入ることは基本的にできません。

そういうことによって、いつか、国民の多くが皇室に対してマイナスのイメージを抱く日が来ないとも限らないと私は思っています。それを意識するがゆえに、平成の皇室はずっと自分たちをある意味で犠牲にしながら……

奥泉　ちゃんと国民のためにやっていますよ、と……

原　そうアピールしてきたわけですよね。東日本大震災のときにも、温泉の出る那須御用邸の職員用の浴室を開放していました。それがコロナ禍もあり、さまざまな環境の変化から逆にできにくくなってきている。そうなったときに、象徴としての務めをきちんとやっていないのに贅沢ばかりしている、と言われかねないのではないか。

奥泉　平成の天皇・皇后がほとんど完璧だったために、次がつらいということがありますね。

原　すごくそれがあると思います。ただ先に話したように、二〇二四年一月の能登の震災をきっかけとして、平成の天皇・皇后の振る舞いが逆に槍玉に挙がっていたのです。現場はかえって迷惑だったと。平成の初期に言われながら、東日本大震災を境に言われなくなったことが、再びネットの世界で公然と言われ始めたのです。

奥泉　ボランティアの難しさとしても、よく言われますよね。

原　現天皇と現皇后は、すぐに被災地に行ったりするとかえって危険だし迷惑だということをちゃんとわかっていて、静かに東京で見守ってくださっているんだ、そういう意味で令和の天皇・皇后のほうが偉い、と。

奥泉　両極端な評価が出てくる。

原　河西秀哉さんも『文藝春秋』で指摘していましたが、いまのネットの世界では「爺・婆・皿婆」というような隠語を使った、平成の天皇・皇后へのバッシングが起こっているのです。そこには令和の気分みたいなものが背景にあると思います。平成とちょっと空気が変わった気がするんですよね。

たとえば昨今の鉄道会社では、「計画運休」というのが広がっています。台風の接近など、災害の危険が高まっていると判断されるときには無理に列車を動かさず、結果として予報が外れてもあらかじめ運休を知らせておくほうが無用な混乱を避けることができるという考えです。

平成であれば、東日本大震災の五日後に列車を動かした三陸鉄道のように、たとえ余震の可能性があっても動かせるところから列車を動かすほうが利用客に「安心」を与えることができるという考え方がありました。この考え方は、なるべく早く被災地を訪れるほうがよいという平成の皇室の考え方とも響き合っていました。

しかし令和になると、コロナ禍の影響もあって、科学的なデータに基づいた「安全」が最優先されるようになる。だからこそ、すぐに動かない現天皇夫妻が持ち上げられ、平成の天皇・皇后がバッシングされるように思われるのです。

奥泉　昭和から、平成、令和ときて、天皇や皇室に対する見方や距離感は変化してきている、これからどう変化するか、予断を許さないということになりますか。

天皇制は続くのか

原　続きにくいということで言うと、仮にこのまま男系を続けようとするのであれば、悠仁親王が結婚し、相手の女性が男子を産むしかない。先ほど女性に負荷がかかると言いましたが、女性天皇・女系天皇を認めたとしても絶対に子どもは産まなければいけない。皇室の女性に子どもを産まない自由はないのです。その負担はまったく軽減されないわけで、そういう意味でも、多様性やＬＧＢＴＱを認めていこうという時代とまったく乖離している。

奥泉　皇室にだって性的マイノリティの人がいるかもしれない。

原　そこがまったく配慮されていない。

奥泉　そういう点からも続きにくいとしか思えない。旧宮家を再興するという考え方もあるみたいですが、どうなんでしょう？

原　検討に値しないと思います。ＧＨＱが一一宮家を解体したものを復活させるわけですが、一一宮家の「源流」である伏見宮家が天皇家から分かれたのは、いまから六〇〇年以上も前の南北朝時代です。そもそも、戦後に平民としてずっと暮らしてきた「伏見さん」とか「久邇さん」自身が皇族になりたいかという問題がある。また国民が突然皇族になった人を、皇族として認められるかという問題もある。

奥泉　そうすると、しばらくは続くけれど……

原　ずっと続くと考えるのは厳しいのではないか。

奥泉　たしかに難しいと感じる場面はいくつもあって、たとえば、令和の即位礼で、皇后が十二単《ひとえ》を着ていて、これはさすがに無理なんじゃないかという印象を受けました。せいぜい明治時代につくられた新しい伝統なのに、それをなお徹底遵守しなければならないのかと。

原　皇后が即位礼で十二単を着て御帳台に上がったのは、雅子さんで三人目ですからね。昭和、平成、令和しかないんですよ。大正のときにやろうとしたけど、あのときは貞明皇后が妊娠していたからできなかった。

奥泉　一度始めてしまった「伝統」はやめられないんですかね。不思議でしかたがない。

原　しきたりの問題は、昭和天皇もぼやいていたんですよね。

奥泉　ぼやく気持ちがわかりますよ。大正天皇なんて大嫌いだったわけでしょう？

原　即位大礼のときも、とにかく日程を短くしろ、とか言っていました。秋篠宮も、令和の大嘗祭のときには巨額な費用をかけて一晩限りの大嘗宮を建てるのではなく、新嘗祭のときに使う神嘉殿《しんかでん》を活用したらどうだと言っていました。

奥泉　嫌になるほうが普通ですよ。でも、内部の人たちの本を読むと、かなりちゃんとやっていますよね。それはいったい誰が主導しているんですかね。誰が、ということもないのかな。

原　そこが天皇制の研究をやっていて一番よくわからないところです。具体的に誰という主体がない。

奥泉　おそらく空気が支配している。大澤真幸さんが、天皇制は日本的な空気というものの最終的な支えだと言っているんですけど、皇室は日本的空気の中心のようにも思えます。純一でイノセントな共同体を支える空虚なシステム……しかもそんな古くない。不思議ですよね。千年続いているならまだわかるのですが、近代天皇制はせいぜい一五〇年くらい。

原　本当によくわからないですね。天皇自身ですらそれに対して何か影響を及ぼすことができない。

奥泉　「こうしてはいけない」と言われたら、天皇もそうするしかない。

原　行幸のスケジュールは分刻みで決まっていて、天皇といえどもそれに従わなければならない。そこが独裁体制とは全然違うところですね。

奥泉　目に見えない制度自体が主体になっている。考えてみれば、天皇の権威というのは、天皇自身に由来するわけではない。要は世襲カリスマということですが、天皇は天皇の子どもだという点にその権威は由来する。

　そのことを小説に書いたことがあります。天皇の子どもだということが天皇の権威の源泉であって、他には何もない。皇祖に遡る血の連綿性の神話こそが権威の根本。万世一系のイデオロギーを手放せない保守派の人たちの考え方はよくわかりますよね。そこを手放したら根拠を失ってしまうわけですから。

原　フィクションですね。まったくのフィクションですけれども。何度も話しているように、「万世一系」くらいしかイデオロギーのよりどころがないのです。神武天皇の実在を疑っていた昭和天皇は、その「万世一系」すら信じていませんでした（前掲『象徴天皇の実像』）。

奥泉　そうなると、ますますやはり、天皇が日本国の「象徴」であり日本国民統合の「象徴」であるとはどういうことなのか、国民の側にその思想の成熟がないのが苦しいところだと言わざるをえないですね。平成の時代も、天皇本人だけが徹底的に考えて行動して、国民は考えてこなかった。だから、どうしますかと言われても、何も答えられない。

原 現天皇が皇太子だった二〇一七(平成二九)年二月の誕生日に際して、戦国時代の後奈良天皇に言及したことがあったと思います。飢饉や疫病の流行に苦しむ民のために天皇自ら行なった写経を見る機会があったとのことで、「国民に常に寄り添い、人々と共に喜び、共に悲しむ」天皇の模範として挙げたのです。

現天皇は生物学者になった昭和天皇や現上皇、常陸宮《ひたちのみや》、秋篠宮とは異なり、歴史を研究しているのだから、自分が理想とする天皇とはどういうものなのか、もっと積極的に語ろうと思えばできると思います。ハゼの研究をしている現上皇のほうが「象徴」について熱心に考えた末、その考えを公表しているというのは不思議な気がしますよね。

奥泉 憲法の規定に立ち返れば、天皇は「この憲法の定める国事に関する行為のみを行」うことになっているんですよね。基本的にはそれだけでいい。私は、くどいようですが、天皇に頼らない国民の統合——日本人ではなくて国民なのですが——を、さまざま利害対立があることを前提に、対話的に構築できるような社会をつくるしかないと、理念的には思うんですね。

非常に困難な道だということは認めたうえで。少なくとも天皇制がない日本を考えておく必要がある。そのうえで、天皇制がしばらく続くとして、平成の天皇みたいにいろいろやってくれなくて大丈夫ですよと言いたい。戦時中の死者を悼むことも、被災地の人たちを慰めることも、それが天皇の仕事だというのはおかしい。

原　それがまさに私が『平成の終焉』に書いたことでして、たとえば被災地を視察するというのは本来、政治家がやるべきことだし、祈るというのは宗教者がやるべきことであって、それらをすべて天皇や皇族がやっているというのはおかしいんです。

奥泉　そうですね。天皇制を考えるということは、むしろ逆に、天皇に頼らない統合のシステム、社会の姿、対話のかたちはどういうものかを考えることだと思います。

原　そういうことですね。憲法学者の多くも、第一条の解釈として、天皇の地位は国民の総意に基づくと規定されているわけだから、国民の総意が天皇はいらないと言えば廃止できると考えていますし。

奥泉　それはそうですよね。そういう可能性を冷静に議論できるくらい、われわれの社会が成熟する必要があるのだと思います。

あとがき

原　武史

奥泉光さんとは、二〇〇九（平成二一）年一二月一七日に野間文芸賞の授賞式が行なわれた東京の帝国ホテルで初めてお会いして以来、すでに一五年を超えるお付き合いがある。年齢は私より六歳ほど上で、作家と日本政治思想史を研究する政治学者という違いがあるが、それ以上に共通点も少なくない。

私は一九六五（昭和四〇）年から六八年まで西武新宿線の久米川駅に近い日本住宅公団の久米川団地に、また六八年から七五年まで同線の花小金井駅からバスで一〇分ほどの東久留米市にある公団の滝山団地に住んでいて、同線を利用していた。奥泉さんもまた御父上の勤務先が東久留米市にあった上、一九六〇年から七八年まで西武新宿線の新所沢駅に近い公団の新所沢団地に住んでいて、同線を利用していた。そして二人ともに、団地在住の児童が圧倒的だった地元の公立小学校に通っていた。そのせいか、話していて似たような空気を感じることが多く、スムーズに対話が進んだ。

　そもそも奥泉さんの小説には、昭和天皇その人でなくても、天皇や皇室にまつわるものが登場することが多い。野間文芸賞の授賞式に出かけて行ったのも、このとき奥泉さんが受賞した作品が『神器――軍艦「橿原」殺人事件』上下（新潮社、二〇〇九年）だったからだ。「神器」は言うまでもなく皇室で代々受け継がれてきたとされる「三種の神器」、すなわち八咫鏡《やたのかがみ》、草薙剣《くさなぎのつるぎ》、八尺瓊勾玉《やさかにのまがたま》に由来する。「橿原」は『日本書紀』で初代神武天皇が即位したとされる地であり、神武天皇をまつる橿原神宮があるところだ。タイトルに惹かれて買い、一気に読了して深い感銘を受け、ぜひ会いたいと思ったのだ。

『神器』には、太平洋戦争末期に日本を出航して太平洋を東に向かう謎の軍艦「橿原」に乗船した軍人たちによる、負けるはずのない日本が戦争に負けるとは一体どういうことかをめぐる興味深い問答がある。


「答えは、一つしかない」石膏の仮面がまたいう。「この答えを出したのは、ただし、私ではない。座主様が祈禱を通じて明らかにされた。私もそのことを霊視で直接体験したんだが、明らかになってしまえば、実に答えは簡単だった。すなわち、日本人は誠を尽くすべき相手を間違っていたということだ。我々日本人は皇孫瓊瓊杵命《ににぎのみこと》と、その移し身であられる天皇陛下を現人神《あらひとがみ》として代々崇め奉ってきた。だが、もしも、日本人がその敬崇を捧ぐべき相手を間違っていたとしたらどうだろう? いや、もうそのような迂遠ないいかたはやめよう。軍人らしく、直截にものをいおう」
「**陛下が贋者だと**、副長はおっしゃるんですね」(中略)
「いうならば、そういうことだ。たぶん航海長も、そのことを密かに察していたんだろう。だから、そんな風に言葉が飛び出したんだろう。航海長だけではない。いまや、おそらく、ほとんどの日本人が、心の深いところで、この事実に気付いているはずだ。それが心の上層に浮かんでこないだけで。はっきりいおう。**我々がお仕えしているあの方は、天皇陛下ではない。**(以下略)」(前掲『神器』下、三二七~八頁。太字は原文ママ。以下も同じ)

日本に「負け」はありえない。にもかかわらず勝てないのは、日本人がニセの天皇を本物の天皇だと思っているからだ。だからこそ我々は昭和天皇に代えて、太平洋上の「タカマガハラ」にいるはずの「**真の天皇陛下**」を迎えなければならないと言うのである。

同様の問答は、敗戦直後に当たる一九四七（昭和二二）年の出羽庄内を主要な舞台とした最新作『虚史のリズム』（集英社、二〇二四年）にも出てくる。「皇祖神霊教」という謎の教団に入信している元軍人と新聞記者による問答である。


「皇国はまだ敗れていない」門馬元中将は雨の名残を探すように窓になお顔を向けたまま、静かな口調でいった。

「ポツダム宣言を受諾した政府は、皇国とは無縁の組織に過ぎない」

「と申しますと？」帳面を構え直した沖本が先を促したのへ、歌人将軍は答えた。

「敗れたのは贋の皇国ということだ」

「贋の皇国？　贋者の日本、ということでしょうか？」

「そういうことになるな」

「それは、つまり――どういうことでしょうか？」と不可解の面持ちを隠さずに問うた新聞記者に痩身の元中将は、

「つまるところ」と応じて、濃い緑に埋まった窓にまた目を遣り、しばらく蟬声に耳を傾けるようにしてから、諧謔をわずかに含んだ、どこか突き放す調子でいった。

「天皇陛下が贋物、ということだな」（前掲『虚史のリズム』、九二四〜五頁）
敗戦から二年を過ぎてもなお、「負け」を認めない教団が皇祖神霊教であり、山形県の湯殿山を思わせる「真山」に斎場を築いている。同教の信者もまた、昭和天皇は「贋物」であり、「高天原」から「真天皇」を迎えなければならないと考えている。時期が戦争末期から占領期へと、また舞台が太平洋上から出羽庄内へと変わっても、戦争に従事した軍人たちから見た昭和天皇の位置づけそのものは変わっていないのだ。なぜこのようなモチーフが繰り返し小説のなかに出てくるのか。奥泉さんは本書でこう述べている。

あの戦争の最大の問題点は、まさに負けられない戦争になってしまったという点にある。天皇もまた大衆の熱狂の渦の中でそういう感情に呪縛されてしまった、と。皇国が負けることはありえない。だが、負けた。戦後に生きている人たちは、負けるはずのない戦争に負けた人たちになってしまった。そのために戦争で亡くなった人たちとの連続性を我々は失ってしまった、死者を正しく悼む方法を失ってしまった。いまだに戦死者というものをどう扱っていいかわからない状況に我々はずっと置かれ続けている。

本来、戦争というものは負ける可能性もあるわけです。妥協して終結に導くこともある――というか、それが普通です。ところが熱狂した大衆のエネルギーに押されて、残しておくべき退路まで断ってしまった。（一四五頁）

非常に重要な指摘である。私自身は、奥泉さんの言う「大衆の熱狂」を天皇の最も近くで最も体現していた人物こそ、天皇の母である皇太后節子だったのではないかと考えている。天皇はまさに「大衆の熱狂の渦の中でそういう感情に呪縛されてしまった」のだ。ポツダム宣言を受諾した一九四五（昭和二〇）年八月になってもなお、皇太后が思い入れをもつ神功皇后をまつる福岡県の香椎宮に勅使を参向させ、「敵国撃破」を祈らせたというのは、どう考えてもまともな神経とは言えないだろう。

敗戦後の天皇は、退位もしなければ国民に対して謝罪することもなく、四六年一月一日に「新日本建設ニ関スル詔書」を発していわゆる人間宣言を行ない、同年二月から戦後巡幸を始めた。あれほど「勝ち」を信じて熱狂していたはずの大衆が、こんどは全国各地で天皇を熱狂的に迎えた。もちろん天皇を「贋者」として糾弾したり、天皇の戦争責任を追及したりする動きは全くと言ってよいほどなかった。

ここで忘却されたのは、最後まで「勝ち」を信じて戦いながら中国大陸や太平洋の島々などで亡くなり、靖国神社に一括りにまつられて「英霊」とされた軍人や軍属たちだった。奥泉さんは、「かつては靖国神社が戦死した人たちの行き着くべき場所だったけれど、敗戦後に戦争の聖戦としての意味は脱色され、正しくない戦争とされてしまった。そもそも負けるはずのない戦争に負けたわけですからね。神として祀るというかたちでは悼むことができない」(二七五頁)と述べている。

生き残った軍人のなかには、『砕かれた神』を記した渡辺清のように、「言葉をもっている」中間層が含まれていた。渡辺は戦後に人間宣言を行ない、のうのうと在位し続ける昭和天皇に対する激しい呪詛の言葉を書き連ねた。また元軍人ではないが、元横綱として天皇賜杯を何度も授与されてきた双葉山(時津風定次)は、同じく昭和天皇の人間宣言によって巨大な精神的空白が生じ、アマテラスの神示を伝えるとされる女性「璽光尊《じこうそん》」を代わりに崇拝することで、その空白を埋めようとした。

奥泉さんは小説を通して、大衆の熱狂によってかき消された彼らの声をよみがえらせようとしている。小説家としては、『英霊の聲』で「などてすめろぎは人間《ひと》となりたまひし」と繰り返し叫ぶ特攻隊員の霊を呼び寄せた三島由紀夫や、『私の大阪八景』で一九四七（昭和二二）年の大阪行幸に際して「陛下、陛下、ヘイカ、ヘイカ、待って下さい」と天皇を呼び止める死者たちの声をすくい上げた田辺聖子ら、実際にあの時代を体験した世代の意識を忠実に受け継いでいる。

かつて橋川文三は、三島由紀夫の小説を高く評価し、三島の生前に評伝まで書いた。奥泉さんと私のように、一方は作家、他方は日本政治思想史を研究する政治学者だった。三島は橋川に宛てた書簡で、橋川を「真の知己」と呼び、橋川の天皇論から深い示唆を受けたと記した。しかし橋川は、三島が一九六八（昭和四三）年に記した天皇論「文化防衛論」を鋭く批判した。三島はこれに衝撃を受け、橋川を「二重スパイ」と呼んだ。

本書でも、奥泉さんと私の間に意見の齟齬がないわけではない。しかしそれは、決定的な対立にはなっていない。むしろ天皇制の廃絶をタブーにしないところなど、共通点のほうが多いのではないか。双方の見方が相まって天皇や皇室に対する理解を深めるのに役立っている。少なくとも私は、そのように信じている。

最後になるが、奥泉さんも「まえがき」で触れているように、河出書房新社編集部の藤崎寛之さんの多大なるご尽力がなければ、本書が世に出ることはなかった。この点を重ねて強調するとともに、藤崎さんのご尽力に心からの感謝を申し上げたい。

河出新書 078

天《てん》皇《のう》問《もん》答《どう》

二〇二五年一月二〇日　初版印刷
二〇二五年一月三〇日　初版発行

著者　奥《おく》泉《いずみ》光《ひかる》
　　　原《はら》武《たけ》史《し》
発行者　小野寺優
発行所　株式会社河出書房新社
〒一六二-八五四四　東京都新宿区東五軒町二-一三
電話　〇三-三四〇四-一二〇一［営業］／〇三-三四〇四-八六一一［編集］
https://www.kawade.co.jp/
マーク　tupera tupera
装幀　木庭貴信（オクターヴ）
印刷・製本　中央精版印刷株式会社
Printed in Japan　ISBN978-4-309-63181-3
落丁本・乱丁本はお取り替えいたします。
本書のコピー、スキャン、デジタル化等の無断複製は著作権法上での例外を除き禁じられています。本書を代行業者等の第三者に依頼してスキャンやデジタル化することは、いかなる場合も著作権法違反となります。

一日一考 日本の政治
原武史

一日一つ、全366人の文章を選び、その言葉が日本の政治にとってどんな意味を持つか、いまの体制とどう繋がっているかを考える。

032

この国の戦争
太平洋戦争をどう読むか

奥泉光
加藤陽子

戦争を描いてきた小説家と戦争を研究してきた歴史家が、必読史料に触れ、文芸作品や手記なども読みつつ、改めてあの戦争を考える。

050

旧約聖書がわかる本
〈対話〉でひもとくその世界

並木浩一
奥泉光

旧約聖書とはどんな書物なのだろうか。小説のように自由で、思想書のように挑発的なその本質をつかみ出す〈対話〉による入門。

055

アメリカ
橋爪大三郎
大澤真幸

日本人はアメリカの何たるかをまるで理解していない。二大知性の刺激的な対話によって、アメリカ理解の核心がいま明らかとなる。

001

歴史という教養
片山杜秀

歴史に学べと言うが、先行きの見えない時代の中で、それはどういうことなのか。当代屈指の思想史家が説く、歴史センスのみがき方。

003

河出新書

「学校」をつくり直す
苫野一徳
「みんなで同じことを、同じペースで、同じようなやり方で」のまま続いてきた学校への絶望を、希望へと変える方法を提言する。
005

一億三千万人のための『論語』教室
高橋源一郎
二千五百年の時を超え、『論語』が高橋源一郎訳で甦る！ さあ、「一億三千万人のための『論語』教室」、開講です!!
012

〈格差〉と〈階級〉の戦後史
橋本健二
格差論の決定版、現代日本論必携の名著を、10年の時を経て、新データも加えながらアップデート。この社会はいかにして生まれたか。
016

読書とは何か
知を捕らえる15の技術
三中信宏
読書とはつねに部分から全体への推論だ——巻の「読書効率主義」に反旗を翻し、博覧強記の進化生物学者が授ける前代未聞の読書術！
046

教えから学びへ
教育にとって一番大切なこと
汐見稔幸
どうすれば「みずから学ぶ」環境はつくれるのか？ 教え方ではなく、子どもの学びの深め方からいま必要な教育の本質を考える。
035

河出新書

古事記ワールド案内図
池澤夏樹
「古事記」の斬新な現代語訳で話題を集め、小説『ワカタケル』で同時代を描いた著者による、分かりやすくて魅力的な入門書。
060

一神教全史　上
ユダヤ教・キリスト教・イスラム教の起源と興亡
大田俊寛
古代ユダヤ社会での一神教発生から、キリスト教の展開、ローマ帝国の興亡、イスラム教の形成、十字軍までを描く宗教思想史講義・上巻。
061

一神教全史　下
中世社会の終焉と近代国家の誕生
大田俊寛
スコラ学から、宗教改革、近代国家形成、アメリカ合衆国成立、ナチズムの世界観、イスラム主義の興隆までを描く宗教思想史講義・下巻。
062

女ことばってなんなのかしら？
「性別の美学」の日本語
平野卿子
日本語の「女ことば」は、日本人に根付く「性別の美学」。ドイツ語翻訳家が女ことばの歴史や役割を考察し、性差の呪縛を解き放つ。
063

自称詞〈僕〉の歴史
友田健太郎
なぜ〈僕〉という一人称は明治以降、急速に広がり、ほぼ男性だけに定着したのか。古代から現代までの〈僕〉の変遷を詳細に追う。
064

河出新書